O profissional e a profissão

OBRA ATUALIZADA CONFORME
O **NOVO ACORDO ORTOGRÁFICO**
DA LÍNGUA PORTUGUESA.

1ª edição: 2007
2ª edição: 2008
3ª edição: 2011
4ª edição: 2013
Reimpressão: 2015
5ª edição: 2016
6ª edição: 2023

Dados Internacionais de Catalogação na Publicação (CIP)
(Simone M. P. Vieira - CRB 8ª/4771)

Chimenti, Silvia
Guia de turismo : o profissional e a profissão / Silva Chi-
menti, Adriana de Menezes Tavares. -- 6. ed. rev. atual. -- São
Paulo : Editora Senac São Paulo, 2023

Bibliografia.
ISBN 978-85-396-3924-3 (Impresso/2023)
ISBN 978-85-396-3925-0 (Epub/2023)
ISBN 978-85-396-3926-7 (PDF/2023)

1. Guia de turismo (pessoas) 2. Guia de turismo (profissão)
3. Turismo (estudo e ensino) 4. Mercado de trabalho :
Profissional de serviços em turismo I. Tavares, Adriana de
Menezes. II. Título.

22-1799g   CDD-338.4791023
                                      BISAC TRV000000

Índice para catálogo sistemático:
1. Guia de turismo (profissão)   338.4791023

Silvia Chimenti
Adriana de Menezes Tavares

O profissional e a profissão

6ª edição revista e atualizada

Editora Senac São Paulo – São Paulo – 2023

ADMINISTRAÇÃO REGIONAL DO SENAC NO ESTADO DE SÃO PAULO

Presidente do Conselho Regional: Abram Szajman
Diretor do Departamento Regional: Luiz Francisco de A. Salgado
Superintendente Universitário e de Desenvolvimento: Luiz Carlos Dourado

EDITORA SENAC SÃO PAULO

Conselho Editorial: Luiz Francisco de A. Salgado
Luiz Carlos Dourado
Darcio Sayad Maia
Lucila Mara Sbrana Sciotti
Luís Américo Tousi Botelho

Gerente/Publisher: Luís Américo Tousi Botelho
Coordenação Editorial: Ricardo Diana
Prospecção: Dolores Crisci Manzano
Administrativo: Verônica Pirani de Oliveira
Comercial: Aldair Novais Pereira

Edição de Texto: Luciana Garcia, Luciana Lima
Preparação de Texto: Adriane Gozzo
Revisão de Texto: Globaltec Editora Ltda., Ivone P. B. Groenitz, Laila Dawa,
Luciana Lima (coord.), Renata Callari, Karinna A. C. Taddeo
Projeto Gráfico, Capa: Fabiana Fernandes
Editoração Eletrônica: Sandra Regina Santana
Fotografias na Capa: Tim & Annette Gulick e Ton Koldewijn
Imagem no Verso da Capa: Mapa rodoviário do Brasil, 2002 – Departamento
Nacional de Infraestrutura de Transportes (DNIT),
disponível em http://www.dominiopublico.gov.br
Impressão e Acabamento: Visão Gráfica

Proibida a reprodução sem autorização expressa.
Todos os direitos desta edição reservados à

Editora Senac São Paulo
Av. Engenheiro Eusébio Stevaux, 823 – Prédio Editora – Jurubatuba –
CEP 04696-000 – São Paulo – SP
Tel. (11) 2187-4450
editora@sp.senac.br
https://www.editorasenacsp.com.br

© Silvia Inês Chimenti de Oliveira e Adriana de Menezes Tavares, 2007

Sumário

Nota dos editores   7

Apresentação – *Caio Luiz de Carvalho*   9

Agradecimentos   11

Introdução   13

A profissão de guia de turismo   17

Principais tipos de guias de turismo   21

Características importantes a um bom guia de turismo   27

Diferentes programações   41

O dia a dia do guia de turismo   55

Psicologia e comunicação   123

Legislação e aspectos jurídicos   159

Impasses comuns, situações de emergência, queixas e reclamações   167

Dicas de viagem   195

Casos reais   219

Bibliografia complementar   249

Índice geral   251

Nota dos editores

Ingressar em uma área nova, inevitavelmente, provoca uma onda de informações inéditas que, não raro, se sobrepõem de forma quase simultânea, sendo possível sua efetiva decodificação e absorção apenas com o passar do tempo.

Na área de turismo não é diferente. Carentes de referências básicas no Brasil, os estudantes iniciantes veem-se muitas vezes obrigados a lidar com suas próprias percepções para minimizar as situações às quais são expostos em seu cotidiano profissional.

Foi pensando em resolver esse dilema, a partir da vivência como professoras, que as autoras Silvia Chimenti e Adriana de Menezes Tavares desenvolveram este livro, proporcionando maior agilidade no aprendizado e a possibilidade de aprofundamento do estudo, já que a falta de uma base complica o avanço das discussões. É também, a partir da vivência das autoras, que são propostos temas e condutas que visam auxiliar profissionais da área a ter uma atuação segura diante dos grandes eventos que o país tem sediado, e dos que ainda sediará.

Didático e criativo, este livro é fundamental a professores, estudantes, agentes de viagens e, principalmente, guias de turismo; é também de grande utilidade a pesquisadores e a outros profissionais do setor, abrangendo de forma clara aspectos como legislação específica e estudos de casos.

Uma importante iniciativa do Senac São Paulo como contribuição ao desenvolvimento do estudo especializado em benefício do turismo nacional.

Apresentação

Quem trabalha com turismo ajuda a transformar sonhos em realidade. A concretização de uma viagem é, para o turista, o fim de um processo que se iniciou muito antes – quando o destino foi escolhido, o período da viagem determinado, os acompanhantes definidos, o roteiro traçado e a empresa responsável pela prestação dos serviços contratada.

Dentro desse universo de magia que se cria em torno da viagem, o guia de turismo tem um papel fundamental e decisivo. É ele o ator principal, responsável pelo grupo que deve partir e retornar ao local de origem, tendo desfrutado, com conforto e segurança, de todos os serviços pelos quais pagou.

Para garantir o bom andamento da viagem, é fundamental que o profissional seja competente e muito bem preparado. Atualmente não há mais espaço para amadores. O turista de hoje é bem informado, sabe de seus direitos e valoriza cada segundo do seu tempo. Por isso, não admite ser enganado e exige que o guia de turismo domine profundamente os procedimentos inerentes a seu ofício e que, além disso, seja um exímio conhecedor do destino que irá apresentar.

Por tudo isso, este livro escrito por Adriana de Menezes Tavares e Silvia Chimenti é, sem dúvida, um importante instrumento de auxílio, seja durante a formação, seja durante o aprimoramento do guia. Ao detalhar e esmiuçar os procedimentos necessários ao exercício das funções, ao apresentar regras, diretrizes, normas e leis que regem a profissão, as autoras contribuem de maneira singular para a profissionalização do turismo no Brasil.

Por fim, sugiro uma leitura criteriosa do capítulo "Casos reais", em que são apresentadas situações verídicas, protagonizadas por turistas e guias. As informações ali contidas proporcionarão ao leitor a oportunidade de refletir sobre a responsabilidade de ser o guia de um grupo.

Tenho certeza de que, ao fim deste livro, os leitores estarão convencidos da importância do papel do guia de turismo e de seu preparo para uma boa atuação no mercado. Termino ressaltando a contribuição deste *Guia de turismo: o profissional e a profissão* para a formação dos profissionais da área de turismo, desejando a todos uma ótima leitura.

Caio Luiz de Carvalho

Presidente da Embratur e Ministro do Esporte e Turismo (1992-2002),
professor da Fundação Getúlio Vargas, presidente da São Paulo Turismo (SPTuris) de 2005 a 2011,
CEO da ENTER – Entertainment & Experience do Grupo Bandeirantes de Comunicação.

Agradecimentos

Os que nos conhecem mais de perto sabem que nossa parceria como autoras é apenas mais um dos muitos elos e encontros que a vida nos proporciona. Nossa história diariamente nos surpreende e diverte.

Para que mais este sonho fosse possível para nós, contamos, acima de tudo, com nossa amizade, compreensão e paciência mútuas, mas também com várias pessoas que nos são tão caras e às quais gostaríamos de agradecer.

Aos nossos pais, maridos e familiares, pelo respeito, apoio e carinho em tantas horas difíceis, por acreditarem em nós e por terem aberto mão de nossa presença nos períodos em que passamos "aprendendo", mas que foram fundamentais para nossa vida e para a confecção desta obra.

A Caio Luiz de Carvalho, exemplo de profissionalismo e dedicação ao desenvolvimento do turismo nacional, pela disposição nesse caminho e carinhosa apresentação de nosso livro.

Aos nossos alunos, por nos mostrarem que o conhecimento que temos hoje é apenas um prelúdio do que temos pela frente.

E finalmente aos amigos e companheiros guias de turismo, que nos permitiram compartilhar com os leitores algumas passagens de suas vidas e nos ajudaram no conteúdo deste livro com os erros e acertos de nossa jornada na profissão.

Introdução

Esta obra é destinada aos guias de turismo profissionais, aos que trabalham em agências de viagem, aos estudantes e professores de cursos de turismo. Procuramos escrever um texto de fácil consulta e compreensão, de modo que também pudesse ser interessante a pessoas de áreas correlatas, como hotelaria, gastronomia, comunicação, e até mesmo ao turista, para que se conheça um pouco mais sobre essa figura ímpar, de tamanha importância ao bom andamento de qualquer viagem.

No setor de turismo, o guia de turismo, apesar de ter a profissão reconhecida e regulamentada pelo governo, ainda é visto como supérfluo por boa parte dos turistas. Talvez esse fato se explique pela falta de profissionalismo que impera: guias sem a mínima qualificação, "guias mirins" (moradores que se fazem passar por guias), localidades sem nenhum guia ou informante para orientar o turista, escassez de cursos oferecidos e falta de incentivo por parte de agências e operadoras.

Para acompanhar o desenvolvimento da atividade turística, é necessário reconhecer a importância do guia de turismo, tendo-se em vista que esse profissional é, antes de tudo, agente multiplicador do turismo, que, além de orientar o turista, zelar por sua segurança e enriquecer sua cultura, também ajuda a cuidar do patrimônio natural e cultural do país, por meio de princípios de sustentabilidade assimilados durante seu aprendizado e ao longo do exercício de sua profissão.

Trabalhar como guia de turismo é recompensador. Monotonia é algo que não existe no vocabulário desse profissional. Em cada viagem, temos a oportunidade de conhecer novos locais, cada qual com suas belezas e particularidades, culturas distintas que nos instigam a pensar sobre a sociedade, pessoas com as mais diferentes características, com as quais podemos exercitar a difícil arte da convivência e da cidadania e enfrentar desafios dos mais diversos tipos ao longo do caminho.

Portanto, este livro vem ao encontro da necessidade de formar profissionais qualificados, que possam somar ao desenvolvimento do país no setor turístico.

A obra está estruturada em dez capítulos, cada qual subdividido em partes menores, de acordo com o assunto abordado. Ao fim de cada capítulo, o leitor encontrará questões para discussão e debate, que poderão ser abordadas em sala de aula, por professores e alunos, para melhor compreensão e assimilação dos conceitos. Com essas perguntas, pretende-se despertar o leitor para a reflexão dos tópicos abordados, instigando-o a encontrar novas soluções para os impasses enfrentados na profissão.

Os três primeiros capítulos apresentam ao leitor a profissão e o profissional, definindo a expressão "guia de turismo", determinando os principais tipos de guia no país e apontando as características que se fazem necessárias ao profissional para o bom desempenho da função.

O guia de turismo está apto a atuar com diferentes tipos de público e em distintas programações, portanto, faz-se necessária uma explanação sobre essas programações, assim como sobre a atuação indicada em cada uma delas – esses detalhes são apresentados no capítulo "Diferentes programações".

No capítulo "O dia a dia do guia de turismo", apresentamos as funções do guia de turismo e seu cotidiano, indicando os procedimentos recomendados para todos os momentos dos diferentes tipos de viagem:

rodoviárias, aéreas, marítimas, lacustres, fluviais e ferroviárias. Ao fim, exemplificamos a documentação mais utilizada pelo profissional.

O guia é um profissional que trabalha quase 100% do tempo com pessoas; assim sendo, precisa saber se comunicar com clareza e objetividade, transmitindo confiança e segurança aos turistas. O capítulo "Psicologia e comunicação" trata das diferentes formas de comunicação que necessitam ser dominadas pelo profissional, assim como informações a respeito da estrutura das explicações e do conteúdo das informações a serem passadas aos viajantes.

Para tudo o que fazemos, é necessário que haja regras, diretrizes, normas e leis que norteiem o caminho a seguir; para a profissão de guia de turismo não é diferente. Na atividade turística brasileira, até o momento ela é uma das únicas regulamentadas pelo governo; assim, há regras que a regem e por meio das quais identificamos os direitos e deveres do profissional. Essas e outras informações a respeito da legislação e de órgãos de interesse são apresentadas no capítulo "Legislação e aspectos jurídicos".

O capítulo "Impasses comuns, situações de emergência, queixas e reclamações" trata de algumas situações enfrentadas com frequência pelo guia no exercício de suas funções, bem como casos emergenciais, queixas e reclamações comumente encontradas. Longe de abordar tudo o que o guia pode encontrar, apresentamos apenas alguns casos que fazem parte do cotidiano do profissional, sobretudo, mas não exclusivamente, no Brasil.

Certamente, a rotina de cada ser humano ficaria mais simples se para cada situação enfrentada tivéssemos sempre alguém a nos orientar e sugerir quais os caminhos possíveis e como melhor segui-los. É válido comentar que nem sempre as recomendações que servem para uns servem também para outros, porém o capítulo "Dicas de viagem" trata exatamente disso: dicas aos marinheiros de primeira viagem e outras aos profissionais experientes que ainda sentem dificuldade com alguns trâmites, pelo simples fato de nunca terem recebido orientação adequada ou ao menos uma segunda opinião.

O capítulo "Casos reais" é o que poderíamos chamar de tragicômico. São casos absolutamente reais, vividos por guias e turistas conhecidos, que ilustram o que pode acontecer no meio do caminho. As histórias têm começo, meio e fim, e nem sempre as soluções encontradas foram as mais corretas ou adequadas, servindo, portanto, como foco de ampla discussão. Para cada caso, comentamos nossa opinião, mas o que você faria se acontecesse com você? Essa é a pergunta que deve permanecer na mente do leitor. Diferentemente dos outros capítulos, nesse as questões para discussão e debate se apresentam após cada caso, pois cada um tem sua peculiaridade e acreditamos que as dúvidas serão específicas.

Pretendemos, assim, ilustrar o que o leitor pode esperar das páginas seguintes. Cremos que a melhor maneira de enfrentar cada situação é vivenciando-a, mas, se tivermos algo a nos guiar e orientar, certamente será mais fácil enfrentarmos as dificuldades; dessa forma, nosso desejo é que este livro seja seu guia.

Desejamos a você boa leitura e boa sorte em sua profissão!

A profissão de guia de turismo

O que é um guia de turismo

O guia de turismo é uma das figuras que melhor representa a imagem coletiva do turismo. A imagem do guia saindo com seu grupo de um ônibus de excursão é tão comum no imaginário das pessoas quanto a do turista de bermuda, camisa florida, chapéu e máquina fotográfica pendurada no pescoço.

É comum que aspirantes à área de turismo ouçam logo depois de passarem no vestibular: "Você vai ser guia? Sortudo! Vai viver viajando!"

Para muitos, o guia é a própria representação do turismo. E, apesar de a pergunta feita ser recheada de preconceitos, uma vez que essa ocupação está longe de ser a única opção profissional para estudantes de turismo, a profissão de guia é, sim, uma das mais importantes da atividade turística, devido ao alto grau de contato existente entre o guia e o turista.

Embora a importância do guia de turismo seja reconhecida pelo grande público, existem poucos estudos mais profundos sobre o trabalho, a dinâmica e as funções desse profissional.

A profissão é pouco estudada no campo teórico, e quase inexiste material ou bibliografia específicos disponíveis para estudantes e professores, a não ser as apostilas elaboradas pelos próprios docentes para suas respectivas aulas.

Mas, afinal, quem é e o que é um guia de turismo?

Segundo Souza, guia de turismo é o "profissional apto a prestar informações sobre o local visitado e a assessorar o turista quando necessário".[1]

A profissão de guia de turismo exige formação específica e pode ser exercida apenas por pessoas que tenham realizado cursos técnicos da profissão.

De acordo com a Federação e Associação Mundial de Guias de Turismo,

> É considerado guia de turismo uma pessoa que orienta os visitantes no idioma de sua escolha e interpreta o patrimônio cultural e natural de uma área que normalmente possui uma qualificação específica da área, geralmente emitida e/ou reconhecida pela autoridade apropriada.[2]

De forma geral, a figura do guia de turismo estará presente durante toda a estada do turista na localidade visitada,[3] tornando-se ele, então, o profissional que representará o principal elo entre o turista e os demais fornecedores de serviços turísticos a serem realizados. Isso inclui não apenas a agência (em que o passageiro comprou o produto), mas também as operadoras[4] (emissivas e receptivas), meios de

---

[1] Arminda M. Souza e Marcus V. M. Corrêa, *Turismo: conceitos, definições e siglas* (Manaus: Ed. Valer, 2000), p. 75.

[2] *World Federation of Tourist Guide Association* (Disponível em: https://wftga.org/about-us/what--is-a-tourist-guide/. Acesso em: 13 dez. 2022), tradução nossa.

[3] Em decorrência da diversidade na atividade turística, existem diferentes tipos de guia de turismo, alguns dos quais não acompanham o turista durante toda a viagem, mas em pequenos trechos. Veja mais informações no capítulo "Principais tipos de guias de turismo".

[4] Cabe ressaltar que o termo "operadora" é utilizado comumente no trade turístico para identificar agências de viagens e turismo que elaboram, organizam as programações de viagens e têm seus produtos vendidos por outras agências.

hospedagem (hotéis, pousadas, alojamentos, entre outros), empresas transportadoras (aéreas, rodoviárias, ferroviárias, fluviais, lacustres ou marítimas), serviços de restauração (restaurantes, lanchonetes, bares, etc.), atrativos (museus, teatros, casas noturnas, casas de espetáculos, edifícios históricos, centros culturais, parques, entre outros), além do comércio de modo geral.

A presença desse profissional é muito mais importante e significativa do que se pode imaginar, como afirma Picazo:

> O guia, na realidade, é muito mais do que um mero acompanhante ou orientador. Trata-se de um artista que sabe conferir cor e calor a uma paisagem, de um mágico capaz de dar vida a pedras milenares, de um acompanhante que consegue que os maiores deslocamentos pareçam curtos, de um profissional, em definitivo, que torna possível que nos sintamos como em nossa própria casa no interior de um arranha-céu hoteleiro ou de uma cabana africana.[5]

O amor que o guia de turismo demonstra pelo local visitado e a evidente satisfação em mostrá-lo aos turistas são os principais responsáveis pelo encantamento que o grupo desenvolverá pelo local. Um guia que não possua envolvimento emocional com o local visitado possivelmente não conseguirá cativar os turistas, e suas descrições perderão encanto e profundidade.

Guia turístico ou guia de turismo?

A maioria dos turistas, bem como grande parte da bibliografia encontrada no mercado, não faz distinção entre essas denominações, apontando-os como sinônimos. Todavia, existe diversidade. É muito importante fazer uma diferenciação de nomenclatura.

---

[5]   Carlos Picazo, *Asistencia y guia a grupos turísticos* (Madri: Sintesis, 1996), p. 9.

Guia turístico é um manual de informações turísticas ou, ainda, a publicação destinada à promoção e à divulgação do turismo. É, portanto, um objeto, um livro, um catálogo ou uma publicação. Em contrapartida, guia de turismo é o profissional, a pessoa que, além de prestar as informações necessárias, também acompanha o turista e o orienta durante a viagem, conforme será abordado no decorrer do livro.

Questões para reflexão e debate

1) Por que a figura do guia é importante?

2) Quais são as principais funções do guia de turismo?

3) Você considera que vale a pena explicar aos turistas a diferença entre guia de turismo e guia turístico? Por quê?

Principais tipos de
guias de turismo

Devido à grande diversidade dos produtos turísticos e das diversas facetas que a atividade apresenta na prática, é necessário que existam diversos tipos de guia de turismo, os quais estão classificados, atualmente, como especializados em atrativos naturais ou culturais, guias regionais, guias de excursão nacional e guias de excursão internacional.

Apesar de todos serem classificados e conhecidos como guias, existem algumas características importantes em relação às diferentes categorias.

Guia de turismo especializado em atrativos naturais ou culturais

É o profissional responsável pela recepção de visitantes[1] e pela prestação de informações técnico-especializadas em locais como usi-

---

[1] Os guias de turismo podem atender a grupos grandes, famílias e até individualmente. Todavia, na prática, a maioria dos trabalhos realizados por guias de turismo é direcionada ao atendimento de grupos organizados por agências e operadoras. Por esse motivo, neste livro será utilizada a terminologia "grupo ou turistas" quando existir referência aos clientes que

nas, sítios históricos, museus, parques nacionais, entre outros, que necessitem de conhecimento específico e aprofundado para a visitação.

Essa função atualmente ainda é exercida por seguranças, recepcionistas, monitores, estagiários, historiadores, estudantes ou funcionários dos empreendimentos, uma vez que muitos dos locais desconhecem essa particularidade na formação do guia de turismo.

Guia de turismo regional

O guia de turismo regional é o profissional responsável por dar assistência aos turistas (acompanhamento, informações, transporte e outras atividades) em roteiros locais ou de pequena abrangência territorial (mesmo estado).

Devido a necessidades práticas, o mercado "dividiu" a categoria em dois grupos: guia de excursão (rodoviário ou não) e guia local. Embora existam grandes diferenças de funções entre o guia local e o de excursão, oficialmente as atribuições cabem ao mesmo profissional.

a) *Guia de excursão* (também chamado de *guia acompanhante*). Em geral, o profissional reside no local de saída da excursão ou nos arredores. Esse tipo de guia pode entrar em contato com o grupo antes da viagem, em reuniões preliminares,[2] ou no momento do embarque. Ele será o responsável por todos os procedimentos da viagem. O guia de excursão acompanha o grupo desde a saída, durante todo o percurso e duração da viagem, hospedando-se na localidade visitada (com frequência, no mesmo meio de hospedagem que o grupo), e retorna com ele.

---

estarão desfrutando dos serviços de guias, o que não exclui a possibilidade de esses serviços serem oferecidos para turistas de forma individual.

[2] Nas reuniões preliminares, costuma-se discutir as expectativas dos participantes, passar informações e dar orientações gerais sobre a viagem (como clima, visitações, comportamento, cumprimento de horários, etc.).

b) *Guia local ou receptivo*. Comumente, esse profissional mora na cidade que está sendo visitada pelo turista. Ele entra em contato com o grupo no momento da chegada deste ao destino, podendo acompanhá-lo durante a estada ou apenas prestar serviços para passeios específicos, como city tours, passeios de escuna, entre outros. Ele não se hospeda com o grupo, uma vez que possui residência na cidade visitada (a não ser que haja solicitação específica para isso), e se separa dele no instante de sua partida.

Se o grupo estiver sem um guia acompanhante, o que costuma ocorrer principalmente em viagens aéreas do tipo pacote, o guia local ficará responsável pela estada do grupo na cidade; porém, se o grupo tiver um guia acompanhante, o guia local estará, em relação à programação, subordinado às solicitações do guia acompanhante, independentemente de este ser regional, nacional ou internacional.

Guia de turismo de excursão nacional

As atividades do guia de turismo de excursão nacional são muito similares às realizadas pelo guia regional. No entanto, esse tipo de guia está autorizado a acompanhar grupos para fora de seu estado de origem e por todo território nacional. Suas atividades compreendem o acompanhamento e a assistência a grupos de turistas durante todo o percurso da excursão. O guia de turismo de excursão é o responsável pelo controle e supervisão de todas as atividades técnico-administrativas necessárias à boa execução do roteiro.

De modo geral, ao chegar a uma localidade turística onde haverá visitação, o guia acompanhante deve contratar o serviço de guias locais para a realização dos passeios. Contudo, nem sempre isso é possível, devido à falta desse serviço em grande parte das cidades turísticas.

Guia de turismo de excursão internacional

As atividades do guia de turismo de excursão internacional são idênticas às realizadas pelo guia nacional, porém esse tipo de profissional está autorizado a acompanhar grupos a países dos cinco continentes. Também é comum durante as viagens esse guia contratar guias locais para transmitir informações específicas sobre as cidades visitadas ou atrações. Essa contratação é necessária devido à diversidade e grande quantidade de informações existentes em viagens internacionais.

O guia internacional também será responsável pelos trâmites alfandegários, pela orientação sobre troca de moedas, entre outros itens. Além de dominar a língua materna, deve possuir fluência em mais de um idioma, sendo esse um fator de diferenciação.

Diversas atuações

A atuação e as classificações referentes aos guias de turismo modificam-se de acordo com as características e as especificidades do país, da localidade, dos atrativos e da estrutura turística que ali se desenvolvem. Algumas das classificações existentes em alguns países são:

- guia de neve;
- guia transferista;
- guia de montanha;
- guia de caverna;
- guia de parques temáticos;
- guia territorial;
- guia de museu;
- guia ecológico.

Apesar das diversas classificações existentes, as principais atribuições dos guias não sofrem modificações.

Questões para reflexão e debate

1) Quais são as principais funções dos tipos de guias a seguir:

   a) guia local;

   b) guia de excursão internacional;

   c) guia de turismo especializado em atrativos naturais ou culturais?

2) Qual(is) a(s) diferença(s) entre guia acompanhante e guia local?

3) Conforme a necessidade de cada localidade, podemos ter diferentes tipos de guia. Cite quatro exemplos de destinos turísticos mundiais que utilizem diferentes tipos de guia.

Localidade	Tipo de guia mais encontrado

Características importantes a um bom guia de turismo

Perfil pessoal

Apesar de todo conhecimento que pode ser adquirido em escolas e cursos sobre os procedimentos técnicos da profissão, existem algumas características pessoais fundamentais ao bom desempenho da função.

Muitos dos aspectos aqui citados compõem não só o perfil de um bom guia de turismo, mas também o de um profissional desejado em diversas outras áreas e carreiras.

Uma das características pessoais mais importantes a um bom guia é a capacidade de se relacionar bem com pessoas e grupos. Muitos perguntam se isso significa que o trabalho do guia é sempre cercado de pessoas. Não existe resposta correta, porque durante o desempenho das tarefas diárias o guia estará, em geral, quase permanentemente cercado por pessoas, embora, em essência, execute seu trabalho sozinho. Na realidade, o guia é bastante solitário e autônomo no que diz respeito à realização das diversas tarefas em uma viagem.

Outros aspectos importantes a serem considerados é que o profissional precisa ser ágil, dinâmico, ter pensamento rápido e habilidade para solucionar (em geral, sozinho, apenas para enfatizar) imprevistos. Por essa razão, é importante dominar os princípios da psicologia interpessoal e ter diplomacia, bem como possuir autoridade (na medida certa, sem se tornar autoritário) no desenvolvimento das funções. Não importa se o avião atrasou por causa de um nevoeiro ou de uma tempestade, se um jogo ou *show* foi cancelado ou adiado por motivos técnicos, quem estará incumbido de ouvir as reclamações e de tomar as providências necessárias será o guia, que não poderá esperar cordialidade dos turistas nesses momentos. Portanto, é importante que o profissional seja flexível e paciente.

Saber trabalhar em equipe também auxilia muito no desenvolvimento das tarefas, uma vez que o guia precisará contar com o apoio de profissionais das mais diversas áreas, como reservas, recepção, transportes, alimentação, etc.

Apesar de tudo, as características pessoais de um bom guia de turismo variam de acordo com o ponto de vista do interessado.

Por exemplo, se questionarmos alguns turistas sobre as principais qualidades de um guia, por certo algumas respostas serão: ser alguém sociável, simpático, alegre e divertido, cordial, paciente, atencioso e possuir amplo conhecimento geral e específico.

Em contrapartida, se uma agência ou operadora contratante for questionada sobre as características desejadas do profissional, as respostas provavelmente serão: alguém responsável, honesto, pontual, com capacidade de liderança e persuasão e bom vendedor.

Qual das duas visões está correta? Ambas, e o guia precisará satisfazer aos dois lados, pois, conforme mencionado, é ele o elo entre turistas, agências e demais fornecedores. Por esse motivo, precisará ser competente e eficiente para suprir as necessidades de todos, mesmo que muitas vezes estas pareçam (e sejam) contraditórias.

Um guia absolutamente simpático e amado pelos turistas, mas que não consegue manter o roteiro da programação, modificando-o para "agradar" aos clientes, e que está quase sempre atrasado, pode causar graves problemas operacionais à agência contratante e certamente acabará sendo dispensado por ela. O mesmo ocorre com o profissional honesto, pontual, correto e culto, mas que não consegue se relacionar com facilidade com os turistas nem flexibilizar um pouco a programação para atendê-los.

Qualificação profissional e qualidade dos serviços prestados

Conforme menciona Carvalho,[1] pode-se dizer que, para desempenhar bem suas funções, um guia de turismo precisará dominar três principais áreas de conhecimento: conhecimento técnico, noções sobre habilidades nas relações interpessoais e conhecimentos gerais – todas elas são igualmente importantes e fundamentais ao bom desempenho da profissão, nenhuma sobressai às demais.

No dia a dia de uma viagem, estarão nas mãos do guia o cumprimento da programação e o bom andamento do grupo. Sua figura é a de um líder, sobre quem recairão diversas expectativas e responsabilidades relativas à programação. Portanto, como menciona Picazo, "a qualidade da experiência vivida pelo cliente está relacionada de maneira direta à atuação do guia".[2]

A qualificação profissional é de fundamental importância para o bom desempenho das funções de guia de turismo, e a necessidade de melhoria dos serviços prestados tem se tornado cada vez mais presente no competitivo mercado turístico – duas qualidades pelas quais será possível obter o diferencial em relação aos concorrentes.

---

[1]   Paulo Jorge de Carvalho, *Condução de grupos no turismo* (São Paulo: Chronos, 2002), p. 29.

[2]   Carlos Picazo, *Asistencia y guia a grupos turísticos* (Madri: Sintesis, 1996), p. 15.

Isso pode ser sentido em quase todas as áreas do mercado. No caso dos serviços turísticos, a tendência de melhoria da qualidade e o incentivo ao aumento da qualificação dos profissionais envolvidos são irreversíveis, o que se deve, principalmente, à tendência de os clientes viajarem mais e estarem cada vez mais informados e conscientes de seus direitos.

Conforme já exposto, como algumas das principais funções do guia de turismo consiste em entreter, orientar e transmitir informações a turistas individuais ou em grupo, é necessário vasto conhecimento geral, devida formação profissional e consequente fundamentação teórica, histórica e ambiental para dar base a essas funções e diminuir o risco de enganos. Sem a formação teórica adequada, as informações transmitidas aos turistas correm o risco de serem falsas, inventadas, deturpadas e recheadas de preconceito. Devido ao dinamismo da profissão e às constantes mudanças socio-econômicas e culturais, é necessário que o guia se atualize diariamente: é preciso acompanhar as notícias, as tendências nacionais e internacionais, as políticas públicas e os eventos que o país, o estado e a cidade do guia deverão sediar, assim como preparar-se adequadamente para realizar a recepção aos turistas em todos esses casos.

No entanto, no caso do guia de turismo, a qualidade dos serviços prestados está longe de ser composta apenas de informações passadas de maneira correta – ela pode ser considerada pela não existência de falhas no processo ou, ainda, pela não percepção destas por parte dos clientes. Portanto, uma das principais funções do guia de turismo é não deixar que o cliente perceba as falhas que, eventualmente, possam ocorrer.

Para a profissão de guia de turismo, oferecer serviços de qualidade é muito mais do que cumprir suas funções com eficiência; é estar atento ao turista, pronto para ajudar sempre que necessário, prever problemas e estar apto a resolvê-los imediatamente – de preferência, antes que os turistas os notem.

Por meio da qualidade do desempenho de suas funções e por ser a ligação entre os turistas e toda a rede de oferta turística, o guia de turismo é um dos principais responsáveis pela satisfação dos clientes. É óbvio, porém, que a responsabilidade por essa qualidade não cabe somente ao guia de turismo, mas a todos os envolvidos na prestação dos serviços adquiridos.

Uma das principais características do produto turístico é sua complexa composição. Embora nem sempre seja possível identificar todos os seus elementos, por certo uma viagem bem-sucedida conta com a colaboração direta ou indireta de:

- Órgãos públicos dos polos receptivos – estes devem cuidar, por exemplo, da infraestrutura básica, iluminação pública, água potável e encanada, segurança, limpeza pública e trânsito.

- Empresas de transportes – estas devem oferecer pontualidade, segurança, conforto, cordialidade, etc.

- Agências e operadoras – estas devem informar corretamente aos turistas opções de viagem, programação e serviços incluídos no programa escolhido, bem como efetuar as devidas reservas e o pré-pagamento de modo correto, para citar alguns itens.

- Meios de hospedagem – estes devem oferecer limpeza, conforto, cordialidade dos funcionários, entre outros.

- Oferta e estrutura de lazer e cultura – estas devem compreender opções de lazer e cultura, qualidade e preços compatíveis.

Ética profissional

Já existem códigos de ética elaborados para o desenvolvimento da atividade turística, como o Código Mundial de Ética do Turismo, criado em 1999 pelos representantes da Organização Mundial do

Turismo (OMT). Apesar de não tratarem especificamente da função de guias de turismo, muitos dos pontos mencionados no código podem ser estendidos também ao trabalho desse profissional.

No desempenho de suas funções, o guia de turismo é um formador de opinião. No grupo, como é a autoridade e estará sempre em evidência, torna-se muito importante que seu trabalho seja norteado por princípios éticos relacionados ao respeito às características (cor, raça, sexo, etc.) e escolhas individuais (sexualidade, crença, tipo de alimentação, time de futebol, etc.), tanto no que se refere aos turistas quanto aos moradores locais.

Um bom guia de turismo pode minimizar os impactos causados pela atividade turística ou causar mais destruição.[3] Por isso, deve ter cuidado especial com a preservação do patrimônio histórico-cultural e ambiental da localidade visitada.

A simples lembrança e a orientação dadas aos turistas sobre a importância da preservação e dos efeitos da destruição ambiental podem prevenir uma série de problemas. A distribuição de saquinhos para colocação do lixo individual, a não permissão de que os turistas joguem ou deixem lixo no local visitado, a orientação sobre o respeito aos costumes, à religião ou às manifestações culturais da população local são algumas das formas de o profissional auxiliar na preservação e no desenvolvimento do turismo sustentável.

Como aspecto ético, podemos considerar ainda o comportamento do guia de turismo, que pode (e deve) variar muito para se adaptar aos diferentes tipos de grupo[4] ou programações. Essa capacidade de sentir o perfil do grupo e de se adaptar a ele é um dos grandes diferenciais[5] que podem ser oferecidos. Modificar o com-

---

[3] Ver exemplos no capítulo "Casos reais".

[4] Ver capítulo "Psicologia e comunicação".

[5] Diferencial corresponde ao serviço realizado ou à qualidade oferecida pelo guia, os quais não são comumente realizados/oferecidos por outros. O diferencial será a vantagem do guia no mercado.

portamento não significa ferir princípios éticos, mas descobrir o "toque especial" que poderá fazer a diferença, como serviço prestado, simpatia extrema, polidez impecável, sobriedade na medida certa ou qualquer outra qualidade, conforme suas próprias características e as do grupo.

Não existem regras fixas, pois os turistas são bastante diferentes entre si. Por exemplo, é possível encontrar grupos de terceira idade com muito mais disposição para passeios e noitadas do que alguns grupos de jovens. Cabe ao guia desenvolver tato para perceber qual será a melhor maneira de lidar com esse grupo: próximo ou distante, intelectual ou casual, formal ou despachado, rígido ou flexível, etc.

O comportamento do guia é um item muito delicado e será analisado (consciente e inconscientemente) pelos turistas durante toda a viagem. Apesar de termos mencionado que deve haver adaptação do guia em relação ao grupo, existem pontos essenciais relativos a esse comportamento que precisam ser cuidados com frequência, como:

Envolvimento emocional ou físico com passageiros

Atração física e envolvimento emocional podem acontecer durante uma viagem. Contudo, é muito importante que a concretização seja deixada para depois do término da programação. Um guia nunca deve se envolver emocional ou fisicamente com passageiros, pois isso cria constrangimento aos outros integrantes do grupo, podendo desestabilizá-lo e transformar uma viagem que poderia ser ótima em um verdadeiro martírio.

Em geral, o guia que se envolve com passageiros durante a viagem perde a autoridade, o moral e o controle sobre o grupo.

Uso de álcool ou drogas ilícitas

O consumo de drogas ilícitas é ilegal e obviamente somente por esse motivo o guia já seria proibido de utilizá-las; todavia, mesmo em países em que o consumo seja descriminalizado, o profissional não deve fazer uso dessas substâncias. O guia jamais deve ficar alcoolizado ou consumir drogas durante uma viagem ou programação. Incidentes e acidentes poderão ocorrer a qualquer hora (do dia ou da noite), e o guia será requisitado para solucioná-los. Se estiver alcoolizado ou sob o efeito de substâncias ilícitas, estará inapto a resolver o imprevisto e perderá a credibilidade, o respeito e a autoridade perante o grupo, o que, certamente, tornará seu trabalho mais difícil.

O consumo de bebidas alcoólicas, mesmo em baixas quantidades, deve ser evitado, tendo-se em vista que nem sempre os passageiros são muito honestos ou éticos no que diz respeito a esse consumo, ou seja, um simples copo de vinho tomado pelo guia pode se transformar em duas jarras do ponto de vista dos turistas e na forma de contar o ocorrido posteriormente. A partir do momento em que o guia consome bebidas alcoólicas com o grupo, qualquer manifestação de alegria ou risada mais despachada por parte do profissional poderá ser considerada sintoma de embriaguez.

O consumo de tabaco (em qualquer forma: cigarro, charuto, cachimbo) também deve ser evitado. Se não for possível, deve ser feito longe e fora das vistas dos passageiros.

Discriminação e privilégios de passageiros

Fazer distinção entre os passageiros ou outras pessoas envolvidas no trabalho do guia devido à cor, raça, opção sexual ou religião é inaceitável para um guia de turismo. Essa conduta em alguns casos e localidades pode até ser considerada crime, passível de processos por danos morais e, em casos extremos, até mesmo prisão. O guia não poderá discriminar ou privilegiar nenhum passageiro, tendo-se em vista que esse tipo de comportamento criará situações desagradáveis ao profissional, à empresa para a qual ele presta serviços e aos outros integrantes do grupo.

Por essa razão, torna-se fundamental que se tome muito cuidado com piadas, brincadeiras e comentários feitos no decorrer das explanações, seja pelo guia, seja por outros integrantes do grupo.

Ao guia cabe não apenas a responsabilidade de não fazer discriminações, mas também de não permitir que estas sejam feitas por outros membros do grupo ou por pessoas envolvidas na execução dos serviços turísticos.

Respeito aos costumes e às características socioculturais

O guia de turismo jamais poderá ridicularizar crenças, costumes e outros aspectos socioculturais da comunidade visitada. E também não deve aceitar que o façam. O respeito por esses aspectos deve ser demonstrado nas informações passadas aos turistas, que devem denotar entendimento da dinâmica da sociedade local. Se após aprender sobre a cultura local o guia for incapaz de respeitar suas crenças, não deve aceitar fazer esse roteiro ou programação.

Respeito aos profissionais e fornecedores

Um profissional não deve comentar e depreciar a capacidade de trabalho de colegas que estejam realizando serviço paralelo (como guia da excursão e local). Também não se deve tecer comentários acerca de empreendimentos turísticos concorrentes – aproveitando-se das falhas detectadas para supervalorizar a própria empresa ou os serviços feitos por ela – nem comentários irônicos e depreciativos sobre falhas ocorridas com os serviços oferecidos pela empresa, por fornecedores ou por parceiros como forma de diminuir a pressão pela qual o guia possa estar passando.

Aos olhos do turista, guias, motoristas, barqueiros, funcionários de restaurantes e outros fornecedores e parceiros, embora não sejam funcionários da mesma empresa, representam aquela da qual o turista adquiriu a programação, sendo inaceitável, portanto, que haja desacordos entre os diversos elos desse sistema.

Ossos do ofício

Apesar de todas as características citadas serem essencialmente positivas, existem alguns itens que podem ser chamados de "ossos do ofício", entre os quais podemos mencionar que o profissional precisa ter disponibilidade para deixar a vida particular cotidiana de lado para "viver" a vida do turista.

A jornada de um guia não se resume a oito ou dez horas diárias. Essa é, sem dúvida, uma função que, durante o exercício, ocupa todas as horas do dia do profissional. Em geral, não há fim de expediente que permita um passeio independente ou uma *happy hour* com os colegas.

Embora o trabalho do guia não deva ser confundido com o de "babá" de turistas, quando estiver com um grupo, o profissional deverá estar disponível 24 horas por dia para resolver eventuais problemas (perda de documentos, assaltos ou roubos, acidentes, embriaguez, mal-estares, passageiros perdidos, etc.) que supostamente não têm vínculo algum com o trabalho.

É importante ressaltar que ficar longe de amigos e parentes é uma das principais características da profissão, tendo-se em vista que o guia está sempre em viagem, conhecendo pessoas e lugares novos.

Ter em casa plantas, peixes, cães ou gatos não são opções muito adequadas, uma vez que o contato ficará bastante restrito e prejudicado (principalmente no caso de guias acompanhantes regionais, nacionais ou internacionais).

Apesar das viagens constantes e da possibilidade de conhecer pessoas e lugares novos, é engano pensar que a profissão de guia seja fácil. Como o profissional está trabalhando, seu escritório passa a ser o ônibus de viagem ou o próprio quarto de hotel.

A maior parte das tarefas do guia não pode ser deixada para depois e necessita de solução imediata. Para o guia, não é possível fechar o escritório e pensar no assunto no dia seguinte. Por mais desagradáveis que sejam as decisões e atitudes a serem tomadas, os impasses precisam ser resolvidos na hora. Além disso, deve-se levar em conta que nos momentos em que a maioria das pessoas está viajando – em feriados prolongados, como carnaval, Semana Santa, Finados, Natal e Ano-Novo –, o guia também está, mas a trabalho, o que implica a necessidade de sua vida social se ajustar à profissão.

Devido a essas especificidades, é bastante comum o fato de a profissão de guia acompanhante ser abraçada por indivíduos mais jovens, que ainda não possuem muitos vínculos familiares e estão à procura de liberdade. É igualmente comum que a profissão não seja exercida por muitos anos seguidos.

Muitos optam por deixar a profissão no momento em que precisam encontrar um emprego mais estável para se casar e/ou ter filhos. Isso ocorre de modo generalizado em diversos países, sendo uma característica da função.[6]

Também é comum que guias de excursão, após certo tempo, não deixem a profissão, mas se aposentem, estabelecendo-se em localidades turísticas para se tornar guias locais ou especializados em atrativos, o que permite maior contato familiar e estabilidade social.

A profissão de guia de turismo tem procura muito variável nas diferentes épocas do ano, o que faz com que diversos guias abracem, na baixa temporada, outras profissões, como professores, vendedores, agentes de viagem, para que possam complementar a renda.

---

[6] Carlos Picazo, *Asistencia y guia a grupos turísticos*, cit., p. 25.

Da mesma forma, a alta sazonalidade existente no exercício da profissão faz com que seja comum a contratação de professores, estudantes, agentes de viagens e biólogos para atuarem como guias de excursão. A sazonalidade acentuada é uma característica da atividade turística, principalmente quando o programa é focado em atividades vinculadas a atrativos naturais.

A contratação de pessoal não qualificado para o exercício de uma função regulamentada por lei, além de ser proibida e ilegal, dificulta muito a prestação de serviço de qualidade. Esse tipo de contratação causa grande parte dos problemas e das reclamações feitas sobre a categoria, pois é justamente em períodos de alta temporada, quando todas as estruturas estão com carga máxima de trabalho e estresse, que imprevistos tendem a ocorrer com maior frequência, exigindo dos profissionais a tomada de decisões que fogem à sua capacitação.

Como a maioria dos turistas não entende de legislação turística (nem precisa) e é muito difícil para eles reconhecer quem é guia profissional e quem não é, embora haja a exigência da exibição da carteira específica em local visível, o guia de turismo não qualificado para a função põe em risco a reputação de toda a categoria.

Questões para reflexão e debate

1) Quais são as principais características pessoais de um bom guia de turismo?

2) Quais são as principais áreas de conhecimento que um bom guia de turismo deve dominar?

3) De que maneira um guia poderia conciliar a vida pessoal regular com a profissional?

4) Como se define "qualidade dos serviços prestados" no contexto deste livro?

5) O que é mais importante no desempenho das funções de um guia: as características pessoais ou a qualificação técnica?

6) Em alguns momentos, os interesses e desejos dos turistas são contraditórios aos da agência. Que posição você tomaria?

7) Você conhece o caso de algum guia de turismo cujo comportamento tenha contrariado as questões éticas mencionadas? Discuta.

Diferentes programações

No mercado turístico, são oferecidas programações com os mais diversos formatos. A existência dessas formatações distintas é importante para que seja possível adequar a complexidade de ingredientes da oferta turística às características, necessidades, expectativas e condições financeiras do público consumidor.

Cada uma das formas de organização do produto turístico possui características operacionais específicas. Itens como maleabilidade e possibilidades de alterações na programação, cálculo de preços, reembolso, condições em caso de cancelamento, entre outros, variam de acordo com o modo de organização do produto.

As características e limitações de cada produto deveriam ser conhecidas por todos os envolvidos (passageiros, guias de turismo, agentes de viagem, fornecedores e outros) antes da compra e realização da viagem. Todavia, infelizmente, nem todos se interessam em conhecer mais a fundo os detalhes operacionais e as implicações do programa ou do produto vendido ou comprado.

A falta de informação, de maneira geral, é uma das principais causas de transtornos, dificuldades e percalços no decorrer da viagem.

Como durante o itinerário o guia de turismo é o profissional que está em contato direto com o turista, impasses e dificuldades que eventualmente surgirem devem ser resolvidos por ele. Para tanto, é imprescindível que o guia conheça ao menos os trâmites e as limitações operacionais referentes ao tipo de programação que está acompanhando.

No entanto, esse conhecimento nem sempre é suficiente para evitar mal-entendidos, mas torna-se importante ferramenta de respaldo, que auxiliará o guia a explicar os motivos de determinados procedimentos nem sempre muito populares ou agradáveis.

Uma das primeiras providências a serem tomadas é a leitura das condições gerais da programação. O perfeito conhecimento das condições gerais permite que o guia saiba claramente quais serviços estão ou não incluídos e previstos nos programas; quais são os procedimentos em caso de não utilização destes; os prazos, as condições e os procedimentos de reembolso; os seguros existentes; as franquias; as condições de acomodação nos hotéis; os meios de transporte, etc.

Em geral, os programas vendidos são classificados em excursões, pacotes, forfaits, passeios de um dia e visita a atrativos.[1]

Excursões

As excursões (conhecidas como circuitos na Europa) são o produto turístico que tradicionalmente mais utiliza os serviços de guias de turismo. As excursões acompanhadas de guias normalmente são roteiros complexos, em que são incluídos diversos produtos menores.

De maneira geral, seguem com um meio de transporte exclusivo ao grupo em questão (ônibus com um ou mais motoristas) e acompanhamento, desde a saída, de um guia nacional ou regional.

---

[1] Para uma descrição mais detalhada, sugerimos consultar o livro *Roteiro turístico: é assim que se faz*, das mesmas autoras Adriana de Menezes Tavares e Silvia Inês Chimenti (São Paulo: Editora Senac, 2020).

Quando a excursão prevê visitas a localidades mais complexas, como grandes centros urbanos, geralmente ocorre nesses locais a contratação de guias receptivos.

As excursões são programas regulares, com datas de saída predefinidas. Os roteiros podem ser circulares, voltando ao ponto de origem, ou ser uma viagem apenas de ida. Nesses casos, como o roteiro termina em outra cidade, o passageiro fica livre para, a partir desse ponto, retornar ou seguir viagem por conta própria.

O roteiro das excursões prevê, de maneira geral, a passagem por locais de forte atratividade (grandes cidades do país/estado visitado ou atrativos de destaque, como ruínas, vinícolas, monumentos, etc.) e por diversas localidades menores no percurso, que, embora não tenham forte poder de atratividade, são responsáveis por "enriquecer" a viagem, tornando-a mais interessante e consistente.

Em locais com estrutura mais desenvolvida e que possuam fluxo turístico contínuo, muitas vezes as excursões ocorrem com grupos compostos. Nesses casos, frequentemente o grupo de turistas sofre alterações, não permanecendo o mesmo do início ao fim do roteiro. No decorrer da programação, novos passageiros vão se agregando ao grupo, e outros são divididos para compor novos grupos.

Nas excursões, independentemente de serem circulares ou não, com grupo único ou não, o trabalho do guia segue conforme será descrito no capítulo "O dia a dia do guia de turismo".

É importante lembrar que, dado o deslocamento quase contínuo do ônibus e da mudança constante de cidades e meios de hospedagem, a maioria dos passeios é efetuada em rota, de um local para outro, ou seja, são "obrigatórios". Ainda em decorrência do deslocamento contínuo, predefinido, praticamente não existe possibilidade de alterações na programação.

Não é permitido o aumento ou a diminuição de noites de permanência em nenhum hotel no meio da viagem, salvo em casos especiais, como quando ocorrem problemas com algum passageiro, que poderá finalizar a viagem em determinado momento, por motivos particulares, como o falecimento de familiares. Nesse caso, a responsabilidade pelo abandono é única e exclusivamente do passageiro, que deverá explicar ao guia o ocorrido e lhe comunicar por escrito sua decisão. Outro exemplo é o aumento de pernoites em determinada cidade por causa de algum fator que não pode ser resolvido de outro modo, como o isolamento dos passageiros na cidade em razão de calamidade pública. Nesse caso, o guia deverá verificar os procedimentos com a agência/operadora para a permanência dos passageiros no mesmo meio de hospedagem ou em outro, se não houver disponibilidade de unidade habitacional (UH).

Os horários devem ser cumpridos com rigor e é fundamental que todos os passageiros acompanhem o grupo na programação determinada.

Caso um passageiro se atrase para o check-out ou retorno de um passeio, cabe ao guia acompanhante apressá-lo e auxiliá-lo para que não haja atrasos na continuação da viagem. Nesses casos, o guia não pode deixar o passageiro no local por causa de atraso, exceto em casos extremos que coloquem o restante do grupo em apuros (como possibilidade de perda do embarque aéreo, ferroviário, marítimo, etc.) ou em que haja atitude reincidente e de má-fé por parte do passageiro atrasado.[2]

No caso de passeios de reconhecimento em cidades em que haverá pernoite posterior, o passageiro pode optar por fazer ou não a programação de reconhecimento e se desvincular do grupo durante esse período. Apesar de não fazer o passeio, o passageiro não poderá solicitar reembolso, uma vez que foi opção pessoal não o fazer. Não há reembolso no caso de não utilização de qualquer um dos itens existentes na excursão, desde que a iniciativa tenha partido do próprio passageiro.

---

[2] Ver situações de emergência, queixas e reclamações no capítulo "Impasses comuns, situações de emergência, queixas e reclamações".

Nas excursões, também é comum que existam passeios opcionais a serem vendidos aos passageiros. Esses passeios são de responsabilidade do guia acompanhante, e sua efetivação depende, muitas vezes, da confirmação de número mínimo de interessados. Os passageiros que não optarem por comprar e realizar os passeios opcionais ficam com os dias livres para atividades independentes.

As excursões que contêm parte aérea podem ser realizadas tanto em voos regulares quanto fretados, e toda regulamentação acerca da parte aérea estará baseada no que diz respeito a reembolsos, atrasos, endossos, etc. Apenas utilizam voos fretados as excursões circulares e com grupos fechados. Em caso de utilização de voos regulares, os passageiros têm a possibilidade de modificar os voos de ida e volta, comprar noites adicionais (no início ou no fim) e passeios para prolongar a viagem.

Pacotes

Pacotes são programações de viagens mais simples. De modo geral, diferenciam-se das excursões por serem destinados à visita de apenas um ou dois destinos específicos, o que permite permanência mais longa nas localidades visitadas, menor número de programações incluídas e maior quantidade de dias livres.

Geralmente, estão incluídos em um pacote o transporte origem/destino/origem, traslados aeroporto/hotel/aeroporto (quando o pacote for aéreo), pernoites nos hotéis e city tour de reconhecimento ou outro passeio determinado.

São muito comuns pacotes realizados com transporte aéreo fretado, cujo guia e transporte rodoviário somente se encontrarão com o grupo na chegada ao destino da viagem.

A maioria dos receptivos que trabalham com grupos provenientes de pacotes turísticos providencia um único guia por grupo, mas os meios de transporte a serem utilizados no decorrer da viagem (van, micro-ônibus ou ônibus) não serão exclusivos, como ocorre nas excursões. Na prática, isso significa que os meios de transporte serão divididos entre os diversos grupos acomodados na cidade, sendo exclusivos a um grupo somente durante curta programação, ou seja, enquanto ele estiver realizando passeios incluídos (city tour, na maioria das vezes). No restante do período, o ônibus estará atendendo, de forma alternada, a diversos grupos, não ficando, portanto, à disposição dos passageiros para saídas extras.

Também existem passeios opcionais a serem oferecidos aos passageiros de pacotes. Como nas excursões, a realização destes depende da confirmação de número mínimo de interessados. A diferença básica é que, se a quantidade de passageiros interessada em cada um dos grupos existentes for grande, o passeio pode ser feito separadamente por grupos, mas, se for pequena, os interessados serão reagrupados com passageiros de outros grupos/hotéis para realizarem-no em conjunto. Essa configuração operacional muitas vezes causa desconforto a alguns integrantes, que formam "panelinhas" e não aceitam a realização das programações com a inclusão de pessoas diferentes do grupo; algum desconforto também pode ser causado se o veículo tiver de passar em vários hotéis para pegar os passageiros para o passeio.

Os passageiros que optarem por não comprar os passeios opcionais ficam com os dias livres para atividades independentes e terão, consequentemente, menor apoio e contato com o guia.

Pela estruturação mais simples, os pacotes proporcionam significativa redução nos custos, mas operam com grande rigidez na programação incluída (exceto nos passeios opcionais). Os passeios incluídos são previamente marcados, com datas e horários definidos, havendo pouquíssimas possibilidades de mudança.

Não existe reembolso no caso de não utilização de qualquer um dos itens existentes no pacote (como traslados, passeios ou noites de hotel), exceto quando houver negociação prévia com a operadora responsável.

Por serem utilizados voos fretados, o que permite grande redução no custo aéreo, há extrema rigidez no sistema de embarque. Dificilmente é possível a escolha prévia da localização e disposição dos assentos. Não há reembolso ou remarcação de viagens em caso de atrasos ou perda de voos (ida ou volta) por parte do passageiro. Nesses casos, o passageiro perderá o direito ao voo e deverá comprar nova passagem em voo regular.

Em geral, o guia acompanhante de pacotes aéreos é local, pois só entra em contato com o grupo na chegada ao destino da viagem.

Forfaits

Diferentemente das excursões ou dos pacotes, que são programações previamente montadas para grupos, os forfaits são elaborados de acordo com as solicitações de cada cliente. Podem ser realizados de forma individual ou em grupos fechados, sejam estes grandes, como empresas e escolas, sejam pequenos, como famílias e amigos.

A programação é toda definida de acordo com os principais interesses dos passageiros. A montagem do produto é feita pela agência, que leva em conta solicitações, desejos e necessidades do(s) turista(s).

Por essas razões, a programação é bastante flexível, podendo ser acrescentados ou subtraídos diversos itens durante a montagem. Apesar disso, uma vez montada a viagem, esta ter sido aceita pelos passageiros e os serviços terem sido contratados, alguns itens da programação nem sempre poderão ser modificados sem a aplicação de taxas e multas de cancelamento. Tudo dependerá da forma como a viagem foi elaborada.

Existem duas maneiras básicas para a elaboração de um forfait: com serviços totalmente privativos ou com serviços regulares. No primeiro caso, quando o(s) turista(s) reserva(m) o meio de hospedagem, contrata(m) um guia e um meio de transporte para ficar à sua disposição por determinado número de horas (ou dias), não haverá muitas dificuldades de modificações, mas poderá ocorrer a cobrança de taxas e multas se as alterações forem muito frequentes ou feitas com pouca antecedência. Embora exista programação previamente montada (visitas a monumentos, museus, parques, etc.), se por algum motivo não houver mais interesse naquela visitação, o guia poderá alterá-la sem dificuldade.[3]

Ainda nesse caso, os horários de início e término dos passeios também podem ser acordados entre guia e passageiros, para que sejam realizados conforme o perfil e os interesses do grupo. Por se tratar de serviço bastante personalizado, os custos desse tipo de programa tornam-se bem altos.

Os guias acompanhantes desse tipo de programação podem ser internacionais, nacionais ou locais, dependendo do que for solicitado pelos passageiros e de suas necessidades específicas.

No segundo caso – forfait com serviços regulares –, o sistema é um pouco diferente. A programação é montada pela somatória de quaisquer passeios disponíveis para aquela localidade (a critério do passageiro, que escolherá aqueles que mais combinem com seus interesses pessoais).

Se os passeios comprados forem regulares, ou seja, realizados em grupos, uma vez reservados, o passageiro deverá se ajustar aos horários previamente estipulados a cada um dos pequenos itens do programa. Se não houver mais interesse na execução de uma visitação

---

[3]   A exceção se faz se a programação contratada previr algum tipo de serviço agendado e para o qual tenha havido compra de ingressos ou reserva de lugares, como *shows*, teatros, passeios de barco, escuna, lancha, trem e outros. Nesses casos, provavelmente haverá cobrança de taxa de cancelamento ou até perda integral dos valores pagos.

específica, esta poderá ser cancelada, mas poderão ser cobradas taxas de cancelamento, que variam de acordo com cada caso.

Os forfaits feitos com serviços regulares são viagens mais personalizadas do que as excursões e os pacotes, mas não se tornam tão caros quanto os realizados de forma totalmente privativa.

Em geral, os profissionais que acompanham esses turistas são guias locais, que permanecem com os passageiros durante os passeios regulares comprados. Para o guia, os procedimentos a serem realizados em um forfait modificam-se de acordo com a programação especificada.

Normalmente, os guias escolhidos para atuar em roteiros personalizados são mais experientes, pois, de modo geral, os passageiros desse tipo de programação são VIPs e corre-se o risco de desejarem, de última hora, visitar locais diferentes e específicos, os quais um guia menos experiente pode não conhecer.

Apesar de parecer mais fácil lidar com dois ou três turistas em vez de trinta, o guia que atende a passageiros individuais precisará conhecer a fundo o local visitado, pois quem determina a programação é o cliente, não sendo possível ao profissional se preparar e estudar com antecedência o que será transmitido.

Passeios de um dia e visitas a atrativos

Todas as programações apresentadas (excursões, pacotes e forfaits) contam com produtos menores na montagem, que são os passeios de meio dia, um dia ou visitas a atrativos específicos. Existem diversos tipos de passeios e visitas a atrativos, como vinícolas, museus, praias, passeios de escuna, exposições, parques e outros. Os passeios de reconhecimento realizados pela cidade são, geralmente, chamados de city tour e podem ser panorâmicos (apenas dentro do ônibus) ou prever visitação a atrativos específicos.[4]

O tipo de guia que acompanha os passeios de um dia pode mudar de acordo com a estrutura e a concepção destes. Em passeios "sensoriais", que são aqueles que têm como ponto principal sensações experimentadas pelos passageiros, como em visitações a praias, parques, cachoeiras, etc., as informações transmitidas não são tão fundamentais ao bom andamento da programação. Neles, as sensações são mais importantes do que as informações para o sucesso do passeio. Nesse caso, o guia acompanhante nacional ou internacional segue sozinho com o grupo.

Em passeios "culturais" ou "informativos", como city tours e passeios que tenham cunho histórico, técnico e/ou cultural, em que as informações e curiosidades são muitas vezes os maiores atrativos locais, há necessidade de contratação de guias locais ou especializados. Isso porque se torna inviável a um guia acompanhante nacional ou internacional conhecer a história, os itens técnicos e os pormenores de TODAS as cidades e os locais em que os passeios são realizados.

Sistema de alimentação e refeições

O sistema de alimentação varia de acordo com a programação. Os sistemas existentes são: tudo incluído, pensão completa, meia pensão, café da manhã ou sem refeições. O sistema de alimentação não está vinculado ao tipo de programação escolhido, sendo possível encontrá-lo em quase todas as formas de organização do produto turístico.

Considera-se tudo incluído (*all inclusive*) o sistema de alimentação que abrange todas as eventuais despesas de alimentação e bebida do passageiro. Esse sistema é comumente encontrado em resorts de praia e

---

[4] Adriana de Menezes Tavares e Silvia Inês Chimenti, *Roteiro turístico: é assim que se faz*, cit.

cruzeiros. No caso de programações mais elaboradas, apenas se encontra o sistema "tudo incluído" em viagens de incentivo de primeira linha, em que os passageiros não precisam gastar com nada. Para o guia acompanhante, as refeições vêm predeterminadas, com um cardápio a ser seguido. No caso de os passageiros necessitarem de algum tipo de alimentação específica, estas deverão ser solicitadas ao fornecedor e deverá ser verificada a inclusão ou não de custo nas refeições pré-agendadas.

O sistema de pensão completa considera incluídas todas as refeições, mas cobra as bebidas consumidas à parte.[5] Embora seja possível encontrar esse sistema de alimentação em viagens mais complexas, sua aplicação não é usual. Todos os gastos extras com consumo são cobrados dos passageiros à parte. É bastante comum muitos passageiros escolherem fazer algumas das refeições em locais diferentes dos programados e solicitarem o reembolso das que não foram consumidas. Isso não é possível na maior parte dos casos.

A meia pensão é o sistema de alimentação que considera incluídos o café da manhã e mais uma refeição por dia (almoço ou jantar). A determinação de qual das refeições estará incluída é feita pelo hotel ou pela operadora no instante da montagem da programação, não havendo possibilidade de os passageiros optarem por trocar a refeição incluída (almoço) por outra não incluída (jantar), ou vice-versa. Também não será possível, como no caso anterior, obter o reembolso de refeições não realizadas ou "perdidas".

O sistema que considera incluído apenas o café da manhã implica o fato de que, fora essa, todas as outras despesas de alimentação correm por conta dos passageiros. Isso procede, mesmo que a parada para alimentação seja feita em local que só possua uma opção de alimentação (restaurante de estrada ou do tipo rodízio, por exemplo). Nesses casos, é importante que o guia informe com antecedência as condições

---

[5] Em alguns casos, consideram-se incluídas bebidas não alcoólicas, como água, sucos e refrigerantes, cobrando-se apenas as bebidas alcoólicas.

de alimentação, para que os passageiros fiquem prevenidos e se programem financeiramente ou optem por não comer naquele local.

Quando a programação não inclui nenhuma refeição, nem mesmo o café da manhã, considera-se que todas as despesas de alimentação e bebidas devem correr por conta dos passageiros.

Reembolsos

De maneira geral, os guias não estão autorizados a fazer reembolso de serviços não utilizados pelos turistas. Apenas em casos excepcionais pode ocorrer de a agência ou operadora autorizar o guia a fazer o pagamento de reembolso diretamente aos passageiros. Isso se deve ao fato de que a quantidade de envolvidos na venda e na execução de produtos turísticos é muito grande, tendo de ser devidamente apuradas as causas da solicitação do reembolso. É ainda mais importante em casos de falha operacional, em que há necessidade de apurar responsabilidades.

Geralmente, deve-se proceder de forma a registrar o ocorrido, com relatórios e a documentação existente, e orientar os passageiros sobre como efetuar a solicitação de reembolso diretamente na agência em que foi feita a compra dos produtos.

Questões para reflexão e debate

1) Quais são as principais diferenças entre os serviços oferecidos em uma excursão e em um forfait?

2) O que pode acontecer se o guia não conhecer as condições gerais da programação da viagem?

3) De que maneira o sistema de alimentação pode variar?

4) Na sua opinião, quais são as principais características que distinguem os turistas que optam por comprar pacotes daqueles que optam pelos forfaits privativos?

5) Na sua opinião, quais são as principais razões por que os envolvidos em uma programação turística (agentes, guias, passageiros, hoteleiros e outros) não conhecem a fundo as condições-chave gerais existentes?

6) Como proceder com passageiros com necessidades alimentares especiais?

O dia a dia do guia de turismo

Principais funções

Como em várias outras profissões, na de guia de turismo existe uma série de funções básicas a serem desempenhadas, que, embora sejam relativamente padronizadas, variam conforme a especialização do profissional (guia internacional, nacional, regional ou de atrativo), as localidades nas quais ele trabalha e as características do grupo ou da programação da viagem.

São funções básicas do guia de turismo acompanhar, entreter, orientar e fornecer informações a turistas individuais ou em grupo, durante suas visitas ou excursões. Aos guias cabe, ainda, auxiliar seus clientes durante o processo de embarque/desembarque, bem como promover e orientar despachos e liberação de passageiros e respectivas bagagens em terminais de embarque e desembarque.

O acompanhamento e a orientação dos turistas deverão ser feitos segundo as especificidades de cada localidade, observando-se sempre as normas de segurança e conduta predeterminadas pelos estabelecimentos e seguindo as orientações da legislação vigente.

As informações transmitidas deverão ser sempre fidedignas e condizentes com as características dos locais e dos grupos, devendo ser transmitidas com segurança e precisão, esclarecendo dúvidas e questionamentos pertinentes.

Também compete ao guia auxiliar nos despachos e nas liberações de passageiros e bagagens, o que não significa que o profissional possa infringir ou burlar as normas dos terminais de embarque ou desembarque para obter vantagens ou privilégios aos passageiros do grupo.

Entre as funções comuns aos diversos tipos de guia, podemos citar recebimento de grupos; assessoria a estes na chegada ao local marcado (como aeroportos ou marcos de conhecimento geral); transmissão de informações sobre programação, roteiro e cidades a serem visitadas; adoção das providências preliminares à viagem (que serão distintas, conforme o trabalho a ser realizado); cumprimento fiel do programa contratado pelo passageiro, abrangendo a realização de todos os passeios adquiridos; orientação sobre os procedimentos que serão feitos durante a viagem (como trâmites alfandegários e hoteleiros, cumprimento de horários, conferência da documentação necessária, realização de check-in, check-out e marcação de despertar em hotéis e pousadas, controle das bagagens, realização de traslados, etc.); pronto atendimento das emergências; mediação de conflitos entre passageiros, prestadores de serviços e outros.

Considerações sobre viagens rodoviárias

Configuração dos veículos

De modo geral, a maior parte das viagens que requerem guias de turismo acompanhantes (do início ao fim) é realizada por transporte rodoviário. A maioria é feita em ônibus especialmente equipados para o setor. Por existirem diversos tipos de ônibus, com configurações distintas, e algumas delas possuírem restrições em relação a alguns trâmites operacionais, é importante para o profissional conhecer as diferenças essenciais antes do início da viagem.

Os veículos podem variar quanto à quantidade de assentos, ao posicionamento das poltronas, à localização do comissariado e do banheiro, ao número de andares (simples ou dois andares – *double deck*) e aos equipamentos incluídos (ar-condicionado, som ambiente em CD, pen drive ou outra mídia, televisão, sistema de vídeo em DVD, pen drive, HD externo e afins, frigobar, micro-ondas, etc.).

A existência ou não de sanitário no veículo pode ser um fator importante para que o guia identifique e monitore os locais de parada, bem como relembre aos turistas do tempo que ainda demorará até a próxima parada.

O posicionamento do banheiro – na parte traseira ou na parte inferior do veículo – só vai influenciar o trabalho do guia se apresentar problemas durante o percurso, como mau funcionamento ou mau cheiro. A única preocupação referente à localização do banheiro é, se este ficar no andar de baixo, alertar os passageiros sobre os cuidados na descida e subida durante o trajeto, principalmente à noite, uma vez que o veículo estará em movimento e a luminosidade será menor.

Saber com antecedência as características do ônibus em que vai ser realizada a viagem é importante para que o guia possa programar seu trabalho e servir melhor aos clientes, como na elaboração da programação das atividades recreativas, tendo-se em vista que algumas gincanas, bingos ou filmes podem ser inviáveis em veículos com certas configurações. Em alguns tipos específicos de ônibus, como aqueles que possuem salão de jogos no andar inferior, as atividades de entretenimento devem ser diferenciadas.

As viagens rodoviárias também podem ser feitas em veículos menores, como vans ou carros. Os serviços realizados nesses tipos de veículos são, em geral, mais curtos, feitos a um grupo pequeno de passageiros ou a uma clientela VIP.

Controle de vídeo, som e ar

Normalmente, o controle do ar-condicionado é feito pela cabine do condutor, sendo frequentemente este o responsável por suas alterações. Embora haja controle, é comum acontecerem reclamações quanto à temperatura ideal. Cada passageiro sente mais ou menos frio, ou calor, conforme a constituição física e o local em que está acomodado no ônibus, tendo-se em vista que, em geral, nas primeiras poltronas o resfriamento é mais intenso do que nas do fundo.

Dificilmente será possível agradar a todos ao longo do trajeto, e, para evitar as constantes solicitações de mudança da temperatura, o guia deverá verificar se a temperatura interior do veículo está apropriada e de acordo com as necessidades da maioria. Para minimizar o desconforto de alguns, o profissional deve oferecer cobertores àqueles que sentem frio em demasia ou propor troca de poltronas aos que sentem muito calor.

O mesmo procedimento deve ser tomado em relação ao tipo de música colocada no som ambiente. É importante que o guia possua um acervo de músicas relativamente amplo, com diversos gêneros, os quais devem se alternar para satisfazer a todos, concentrando-se em "pérolas" da MPB e da música internacional, bem-aceitas, em geral, por todos.

Devem-se evitar gêneros extremos, como *jazz*, *rap*, *funk* e clássicos, a menos que o grupo seja bastante homogêneo e tenha expressado preferência por esses ritmos.

Não se devem sintonizar rádios locais como som ambiente, por várias razões:

- Com o ônibus em movimento, certamente haverá ruídos quando a sintonia sair da frequência, fazendo com que não seja possível ouvir a programação por todo o percurso.

- Haverá comerciais e notícias durante a programação.

- Não é possível saber nem controlar quais serão as músicas apresentadas, o que pode ser muito desconfortável.

Todos esses fatores podem incomodar bastante alguns passageiros, o que torna altamente desaconselhável a utilização de rádio para som ambiente.

No que se refere ao volume do som, o guia deverá ter o mesmo procedimento relativo ao ar-condicionado. O volume ideal deve ser decidido pelo profissional, de acordo com o momento da programação, mais alto em instantes de agitação e mais baixo nos períodos de relaxamento, levando-se em conta a preferência da maior parte do grupo. Não se deve aumentar ou diminuir várias vezes o som ambiente para agradar a um ou outro passageiro. Como em relação ao ar-condicionado, quanto mais vezes for alterada a temperatura, maiores serão as reclamações e mais frequentes as solicitações de mudança. O mesmo procedimento se aplica ao volume do som do vídeo. O bom senso do guia deverá prevalecer, e o volume não deve ser constantemente alterado no decorrer do filme.

Uso do microfone

O microfone, que à primeira vista pode parecer um aparelho inocente e insignificante, faz parte do equipamento pessoal do guia, e o mau uso deste pode trazer sérias consequências ao grupo e à programação.

O microfone serve para transmitir mensagens de qualquer gênero. No entanto, é importante lembrar que, quando na prática de suas funções, o guia é, sem dúvida, um formador de opinião. Portanto, devem-se deixar de lado assuntos polêmicos, como política, religião e futebol, ou temas que possam causar desconforto ou sentimento de discriminação a qualquer um dos integrantes do grupo, bem como a seus familiares, amigos ou conhecidos.

O aparelho é de uso "exclusivo" do profissional e não se deve permitir que passageiros brinquem com ele ou o utilizem para mensagens, comentários, casos ou piadas (por mais inocentes que pareçam ser).

De modo geral, existe um microfone no veículo, mas não com menor frequência, este apresenta defeitos por falta de manutenção, uso excessivo ou inadequado. Realizar uma viagem longa sem microfone, ou com o aparelho defeituoso, é extremamente prejudicial. Para o passageiro, passa-se a imagem de que o serviço adquirido é de segunda categoria, além de prejudicar a qualidade das informações transmitidas (uma vez que nem todos as ouvem), bem como causar rouquidão no profissional, pelo fato de ele precisar gritar constantemente. Por isso, é muito importante manter e levar consigo um microfone próprio, em perfeitas condições de uso.

O uso do microfone é dispensado em casos de o serviço ser feito em vans ou em carros de passeio.

Pontualidade

Em turismo, pontualidade é indispensável ao bom andamento da programação. Esse é um dos itens mais delicados de ser trabalhado no dia a dia de uma viagem, pois, em geral, os passageiros se atrasam por puro descontrole pessoal – apesar de não terem o intuito de prejudicar, acabam causando sérios transtornos. Por causa disso, é muito importante que a pontualidade seja respeitada com rigor.

É comum a consideração de que cinco minutos (a mais ou a menos) é pontualidade, porém, para serviços turísticos, que muitas vezes passam por três, quatro ou mais atrativos distintos, o atraso de cinco minutos em cada parada pode resultar em atrasos superiores a meia hora, o que incomodará a maior parte dos passageiros e pode comprometer o bom andamento do passeio.

Por essa razão, é muito importante que o guia convença a todos da relevância da pontualidade nas paradas. Uma das melhores maneiras é utilizar o argumento do respeito ao próximo e das dificuldades operacionais, que não deixam de ser reais, e que é realmente muito desagradável deixar os colegas esperando, nem que seja só por cinco minutos.

Entretanto, deve-se saber separar clientes que estão constantemente atrasados (por pura falta de consideração com os colegas) daqueles que, por acidente, erraram o caminho de volta e se perderam do local de encontro e tratá-los de maneira diferenciada.[1]

Procedimentos de viagem

Antecedentes da viagem

Contato com a agência

O guia de turismo é, de maneira geral, profissional autônomo, ou seja, presta serviços a diversas empresas turísticas.

O primeiro passo de uma viagem, após a definição da programação por parte da agência, é a verificação da disponibilidade do guia de interesse desta.[2] Assim, para o guia, a providência inicial anterior à viagem é o comparecimento à agência ou à operadora contratante. Na agência/operadora, o profissional terá mais informações sobre o serviço a ser realizado e receberá uma pasta com diversos documentos que deverão ser analisados e conferidos antes de deixar a agência/operadora. Está se tornando cada vez mais comum que todo o processo de documentação e comunicação com a empresa empregadora seja feito de forma remota, o que elimina quase que por completo a necessidade de o guia comparecer à agência.

Após o recebimento da documentação, o guia deverá ler detalhadamente a programação de viagem, inclusive as condições gerais, para verificar se existe alguma dúvida. Para os profissionais, é fundamen-

---

[1] Ver o capítulo "Psicologia e comunicação".

[2] Assim como o guia presta serviços a diversas agências, estas podem solicitar os serviços de diversos guias. Por isso, é bastante comum que as agências possuam uma lista com os nomes dos profissionais de sua preferência para cada uma das programações, ou seja, o contato daqueles com quem mais gostam de trabalhar.

tal saber que tipo de veículo será utilizado, quantos quilômetros serão percorridos por dia e tempo previsto de viagem, horários a cumprir, itinerário a seguir, paradas a realizar, dias da semana da programação, rodovias usadas e saídas e entradas destas, visitas incluídas e pontos de interesse mais importantes a serem visitados, hotéis e restaurantes utilizados (localização e acesso, alimentação incluída, entre outros).[3]

Com base nessas informações, será possível ao guia organizar o trabalho, bem como programar o serviço de bordo, as informações a serem transmitidas, as atividades de entretenimento, etc.

Algumas agências/operadoras também trabalham com passeios opcionais, os quais devem ser oferecidos pelo guia durante a viagem. Nesse caso, o profissional deve verificar com a empresa valores, comissões e quantidade mínima de passageiros por passeio.

Vale ressaltar que cada empresa tem o próprio método de trabalho, podendo alterar a ordem dos procedimentos e incluir ou excluir alguns documentos, conforme sua sistematização.

De modo geral, o conteúdo dos documentos é semelhante, variando apenas a configuração e a apresentação de acordo com a companhia. A empresa poderá fornecer uniforme total ou parcial e o crachá da agência/operadora, o que não dispensa o crachá de identificação de cada guia.

Dependendo da programação, também são entregues ao guia cartão de crédito/débito e/ou dinheiro para os pagamentos previstos (entradas, refeições incluídas, hospedagem, etc.), bem como os comprovantes de reserva e dos pagamentos efetuados com antecedência – e dinheiro para possíveis imprevistos.

Em relação aos gastos pessoais do profissional relativos ao trabalho, como alimentação e transporte, cada empresa define como serão tratadas essas despesas, que podem ou não estar incluídas.

---

[3] Carlos Picazo, *Asistencia y guia a grupos turísticos* (Madri: Sintesis, 1996), p. 134.

Antes da viagem, o guia deverá estudar o roteiro e os locais a serem visitados para facilitar o trabalho de explanação e melhorar a qualidade dos serviços prestados.[4]

Reuniões prévias

Por vezes, podem ser necessárias reuniões prévias com os grupos, as quais ocorrem quando a organização da viagem é feita para grupos fechados, como sócios de clubes, associações ou escolas.

Esses encontros são realizados em local de escolha do cliente, alguns dias antes da viagem, em que são transmitidas todas as informações necessárias ao bom andamento desta, como detalhes do percurso, vestimentas adequadas, dicas para organização da bagagem, medicamentos pessoais (em caixas com indicação médica anexada, principalmente em caso de viagens ao exterior), precauções relacionadas ao clima, segurança, equipamentos especiais, breve comentário sobre os aspectos histórico, geográfico, gastronômico, étnico, religioso e econômico do roteiro, etc.

Na reunião, também são esclarecidas todas as dúvidas dos passageiros, conferidos os dados para o dia da saída e entregues os brindes de viagem (normalmente, bolsas e/ou camisetas), os quais deverão ser utilizados na saída e durante o percurso, se possível, para facilitar a identificação do grupo.

A reunião prévia é importante para o guia identificar os líderes do grupo, o perfil dos passageiros e os que possuem problemas físicos ou mentais. Isso permite que o profissional tome precauções e providências necessárias para elaborar de forma mais acertada as atividades recreativas, verificar detalhes referentes ao cardápio dos restaurantes (se houver passageiros com restrições alimentares), reservar assentos mais adequados a clientes com dificuldade de locomoção, etc.

---

[4] Veja como estruturar as explicações no capítulo "Psicologia e comunicação".

Infelizmente, em viagens regulares com grupos mistos (vendas abertas por agências), a reunião prévia torna-se inviável, tendo-se em vista que os passageiros são de diversas localidades. Todavia, mesmo que sejam todos da mesma localidade, não há nenhum fator que os integre antes da viagem e é muito difícil obter adesão para esse tipo de procedimento. Além disso, a efetivação de reuniões prévias envolve, em geral, preparação e custos extras – por isso, na maioria das vezes, elas não são sequer sugeridas pelas operadoras/agências.

Vistoria do veículo

Nem sempre o ponto de encontro do guia com o veículo, no dia da viagem, é o mesmo em que os passageiros embarcarão. Em alguns casos, a vistoria do ônibus é marcada na garagem da transportadora.

A vistoria deve ser marcada levando-se em conta a distância existente entre o local (garagem da transportadora ou outro ponto) e o tempo de duração da vistoria e de deslocamento até o ponto de encontro com os passageiros, para que não haja atrasos.

O guia deve vistoriar o veículo na presença do condutor, com um checklist em mãos. A utilização deste é importante para que nenhum item seja esquecido. Na vistoria, verificam-se limpeza, higiene, funcionamento dos equipamentos e do microfone, material de bordo e de limpeza, documentação do veículo, nota fiscal dos serviços contratados, documentos de autorização de entrada nas cidades que os solicitarem, comprovantes do seguro dos passageiros, etc.

Caso algum item do veículo não esteja em ordem, deve-se pedir a solução imediata do problema, o que pode implicar a troca do veículo. Se a resolução não puder ser imediata, deve-se resolver a questão quanto antes, no decorrer do percurso.

Após a conferência dos itens e da quilometragem do veículo, o motorista deve assinar o checklist, atestando sua veracidade. Atenção especial deve ser tomada em relação à documentação. Viajar com irregularidades pode causar sérios transtornos ao guia e à agência/operadora durante o trajeto, e, em casos de fiscalização, alguns itens podem culminar na apreensão do veículo e no impedimento da continuação da viagem.

Após repassar o itinerário com o motorista, deve-se prever o sistema de rodízio de assentos. Em viagens longas, em que não há marcação de assentos, costuma-se trocar (de tempos em tempos) os passageiros de poltrona, para que todos possam ter oportunidade de se sentar na frente, no meio ou atrás, sem que haja briga pelos lugares mais concorridos.

O guia e o veículo devem estar no ponto de embarque aproximadamente uma hora antes do horário marcado com os passageiros.

Recebimento de documentação e etiquetagem de malas

À medida que os passageiros chegam ao local de embarque e se apresentam, a primeira função do guia deve ser receber os documentos pessoais destes e o voucher,[5] bem como conferir a lista de passageiros. O profissional deverá checar se os vouchers recebidos correspondem aos serviços propostos na programação, verificando se tudo o que está mencionado como incluído está de acordo com a descrição do roteiro, inclusive se o passageiro está embarcando no ônibus e no dia corretos.[6] Se houver qualquer desacordo de informações, esse é o momento ideal para checar os dados, uma vez que existe, de maneira geral, pessoal de apoio das operadoras nos embarques. Se a checagem imediata não for possível, deve-se tentar resolver o impasse quanto antes.

Após o recebimento dos vouchers, deve-se providenciar a etiquetagem das bagagens e a arrumação destas, pelo motorista, no bagageiro do veículo. Deve-se tomar especial cuidado para não permitir que

---

[5] *Voucher* significa cupom e é o documento pessoal do passageiro ou do grupo que comprova a compra do roteiro e os serviços incluídos.

[6] Em períodos de alta temporada e feriados, é comum a saída de diversos ônibus, do mesmo local, no mesmo dia, para roteiros diferentes, bem como a de excursões com o mesmo roteiro em dias seguidos.

bagagem alguma seja colocada no bagageiro sem estar devidamente etiquetada e identificada, tanto na viagem de ida quanto no retorno.

Deve-se avisar aos turistas que, por questões de segurança, o bagageiro será aberto apenas no destino, não sendo permitida sua abertura durante o trajeto ou em paradas para retirar roupas, carteiras ou outros objetos pessoais. As malas, a partir desse momento até a chegada ao destino, são de responsabilidade do guia.

É interessante que se faça uma anotação na lista de passageiros relativa à quantidade de malas despachadas de cada cliente, numerando-as conforme controle próprio.

Se após a conferência dos passageiros a bordo for detectado *no show*,[7] deve-se tentar contatar o passageiro para verificar o motivo do não comparecimento/atraso. Caso não seja possível esperá-lo, deve-se pedir-lhe que encontre o grupo na parada seguinte, se possível.

Se o cliente não for localizado, deve-se comunicar à empresa o ocorrido e partir após breve espera,[8] informando-se em relatório o tempo de aguardo e os procedimentos tomados e certificando-se com os demais passageiros o horário de partida, para que sejam testemunhas da espera.

No momento do embarque, são entregues as fichas médicas, que devem ser preenchidas antes da partida.[9]

Antes de partir, e com todos os passageiros nos devidos lugares, deve-se proceder à contagem destes para se certificar de que estejam todos a bordo e que ninguém tenha deixado o veículo por qualquer

---

[7] Termo utilizado em turismo para denominar a ausência de passageiros no embarque ou no check-in em hotéis, voos e passeios, na data e no horário previstos.

[8] Recomenda-se, de maneira geral, que a espera seja de dez a quinze minutos. Esse tempo não deve ser excedido em respeito aos demais passageiros que estão no ônibus.

[9] Embora esse seja o procedimento ideal, é comum em grupos abertos que a ficha médica não seja entregue aos passageiros para ser preenchida. A não entrega é de opção das agências/operadoras que não se preocupam com detalhes referentes à prevenção de acidentes, o que dificulta o trabalho do guia pela falta de informações.

razão, como se despedir ou tomar um cafezinho. Em seguida, pode-se dar início à viagem.

Início da viagem

Apresentação e speech inicial

No speech[10] inicial, é feita a apresentação do(s) condutor(es), do guia, do veículo, da programação e da viagem de maneira geral. Cada guia monta seu speech de acordo com as próprias características, bem como conforme as características e necessidades específicas de cada grupo. Por exemplo:

a) Para grupos mistos, o speech inicia-se, em geral, assim:

> Senhoras e senhores, bom dia/boa tarde/boa noite!
>
> Meu nome é _____. Sou guia de turismo e irei acompanhá-los na viagem a _____. Em nome da _____ (agência/operadora), dou-lhes as boas-vindas. Agradecemos a escolha que fizeram ao viajar por nossa companhia e esperamos superar suas expectativas.
>
> Gostaria de lhes apresentar nosso(s) motorista(s), o(s) senhor(es) _____ , da transportadora _____ , o(s) qual(is) será(ão) nosso(s) condutor(es) durante todo o percurso.
>
> (Proceder à liberação do veículo, autorizando o motorista a iniciar o percurso.)
>
> Darei início agora a algumas explicações sobre a viagem...

---

[10] *Speech* significa discurso, fala. Apesar de existir em português termo equivalente, *speech* é comumente utilizado no meio turístico, em vez de discurso do guia ou discurso inicial, pois, no Brasil, o discurso é usado para descrever falas que possuem conotação muito formal, às vezes monótonas, cansativas e autoritárias.

b) Para grupos específicos, como jovens ou grupos infantis, deve-
-se adaptar a linguagem, como:

> Bom dia/boa tarde/boa noite, pessoal, moçada!
>
> Meu nome é _____. Sou guia de turismo e irei acompanhá-los na viagem a _____. Em nome da _____ (agência/operadora), sejam bem-vindos.
>
> Gostaria de lhes apresentar nosso(s) motorista(s), o(s) senhor(es) _____ , da transportadora _____ , o(s) qual(is) será(ão) nosso(s) anjo(s) da guarda durante todo o percurso.
>
> (Proceder à liberação do veículo, autorizando o motorista a iniciar o percurso.)
>
> Para que a viagem seja o mais legal possível e para que todos possam curtir ao máximo, quero que prestem muita atenção a algumas explicações e regrinhas básicas sobre nossa viagem...

No início da carreira, vários guias se utilizam de checklist para o speech inicial, e mesmo os mais experientes fazem uso dele após anos de trabalho, como forma de garantir que nenhum item importante seja esquecido.

No speech inicial, após a liberação do veículo, é de suma importância informar e relembrar alguns dados, como:

- Destino(s) da viagem.
- Explanação geral do programa adquirido, especificando-se a duração da programação e os serviços incluídos no roteiro.
- Breves explicações sobre a localidade a ser visitada, expondo-se de modo superficial o que os passageiros encontrarão, de modo a motivá-los e a obter atenção ao restante das explicações.

- Rodovia(s) e cidades pelas quais passarão, bem como respectivas distâncias (quilometragem, tempo de viagem APROXIMADO e horários previstos para as chegadas).

- Horário APROXIMADO e local(is) de parada(s) técnica(s).

- Apresentação e orientações sobre o veículo, como número da placa de identificação do ônibus, que deverá ser verificada durante as paradas; localização e funcionamento de cada equipamento (banheiro: processo de limpeza química e luzes indicadoras de "livre"/"ocupado"; comissariado: acesso restrito ao guia; cabina: acesso restrito ao guia e aos motoristas, aos aparelhos de tevê, ao vídeo e ao som ambiente, ao bagageiro superior, etc.). No caso de double decks, acrescentar orientações e cuidados com a escada e o salão de jogos.

- Funcionamento do serviço de bordo.

- Se for fazer o sistema de rodízio de poltronas (o que é e como funciona), o modo de recliná-las e a importância de mantê-las em posição vertical durante o desembarque.

- Regras de segurança e convivência, como permanência dos passageiros sentados quando o ônibus estiver em movimento, proibição de consumo de qualquer tipo de cigarro ou charuto, uso de cachimbo, etc.

- Importância do cumprimento dos horários estabelecidos. Para tanto, é prudente – em tom de brincadeira – pedir aos turistas que acertem os relógios, tomando como parâmetro o do guia.

Esse também é um bom momento para:

- Dar explicações sobre os locais por onde passam.

- Conhecer as principais motivações e o perfil do grupo.

- Desestimular a utilização de aparelhos eletrônicos, como smartphones, tablets e jogos portáteis durante a viagem e durante as explicações do guia, e incentivar a interação do grupo, a participação em jogos e atividades ou mesmo a apreciação da paisagem, reservando o uso desses recursos eletrônicos para trechos longos da viagem designados ao descanso.

- Realizar atividade de apresentação do grupo, no caso de passageiros que não se conhecem. Se já tiverem afinidade, faz-se alguma brincadeira simples, procurando-se saber e memorizar o nome de cada um.

A apresentação dos passageiros deve ser feita por meio de uma atividade que permita a todos se conhecerem com descontração, possibilitando alguma integração. Algumas pessoas não se sentem bem se colocando diante do público, e muitas temem o uso do microfone; portanto, devem-se levar em conta esses detalhes, as características do grupo, o tempo necessário à apresentação e o tipo de viagem, na escolha da atividade.

Paradas técnicas

Pode ser que, após as apresentações, falte pouco tempo para a primeira parada, pois as paradas técnicas devem ser feitas, no máximo, a cada três horas e meia.

Nesse caso, o guia deve falar sobre a parada, justificando os objetivos desta, como uso de banheiros, caminhada para facilitar a circulação sanguínea, possibilidade de fumar, alimentação, descanso, etc.

Antes de qualquer desembarque, deve-se solicitar o retorno das poltronas à posição vertical, para facilitar a saída do passageiro do banco de trás, e o fechamento das janelas e cortinas, para evitar a cobiça de transeuntes. Deve-se, inclusive, informar o tempo de permanência e consequentes horário e local de reembarque, a localização do ponto de parada, bem como suas características, estrutura e equipamentos.

Os passageiros devem ser informados de que o veículo permanecerá fechado durante a parada, pois o motorista também precisa descer por alguns instantes.

Após o auxílio no desembarque dos passageiros, o guia deve recolher o lixo, reabastecer a cafeteira e a comissariaria e, se necessário, orientar os turistas, verificando o atendimento local.

Em alguns pontos de parada, o guia recebe comissionamento referente ao consumo realizado no local, o qual existe, principalmente, quando há boa infraestrutura de apoio e diversos locais de parada possíveis. Como não são todas as estradas que possuem boa estrutura, e menor ainda é a quantidade de postos adaptados e com capacidade para recebimento de grupos de turismo 24 horas por dia, quase não há concorrência entre os postos, e o oferecimento de comissão é pouco difundido.

No caso de recebimento de comissão, esta deve ser realizada de forma discreta, sem que os passageiros percebam.

Na volta do grupo ao veículo, deve-se proceder à checagem dos passageiros, certificando-se de que todos estão a bordo e de que não esqueceram nenhum pertence no ponto de parada (como carteiras, bolsas, celulares e agasalhos).

Serviço de bordo

O serviço de bordo é realizado apenas nos percursos maiores, podendo ocorrer um na viagem de ida e outro na de volta, conforme especificação da empresa.

Antes de dar início ao serviço de bordo, solicita-se a todos os passageiros que coloquem as poltronas na posição vertical, para facilitar o deslocamento do guia e a alimentação dos passageiros dos bancos de trás. Deve-se avisar com antecedência o motorista sobre o início do serviço e solicitar-lhe que reduza a velocidade e evite manobras mais bruscas. Uma técnica utilizada por alguns guias é servir o lanche primeiro ao(s) motorista(s), como forma sutil de lhes informar que o serviço de bordo está começando.

O melhor momento para dar início ao serviço de bordo é em trechos retos da estrada, evitando-se serras e curvas.

Apesar de cada profissional ter a própria maneira de servir (não existe ordem determinada para a realização do serviço: da frente para trás, de trás para a frente, idosos e crianças primeiro, etc.), o importante é que o serviço seja feito com calma, higiene e presteza. O guia deverá procurar uma postura que lhe dê maior equilíbrio, permitindo que tenha as duas mãos livres para atender aos passageiros. Uma das formas mais indicadas é: de lado para o corredor, apoiar as costas em uma das poltronas e semiflexionar os joelhos – essa postura dá firmeza ao guia, mesmo em caso de freadas do veículo.

Por facilitar o consumo, costuma-se iniciar o serviço com o lanche, para só depois se entregarem copos e bebidas.

As bebidas são o ponto mais delicado do serviço de bordo, devido aos acidentes que podem ocorrer. Por essa razão, o guia deve permanecer com a garrafa e o copo nas mãos ao enchê-lo e apenas entregá-lo ao turista após terminar de servi-lo. Não se deve encher o copo além da metade da capacidade, pois o conteúdo poderá derramar em decorrência dos movimentos do veículo.

Atualmente, boa parte das empresas tem adotado a oferta de bebidas em embalagens individuais, como sucos em caixinha e refrigerantes em lata, acompanhadas de canudos. O procedimento, embora eleve o valor do produto, tem se mostrado vantajoso, uma vez que evita ou diminui consideravelmente o acidente com líquidos nos veículos, reduzindo o custo com higienização frequente.

Depois do serviço de bordo, o profissional deve recolher as embalagens descartáveis e os copos vazios, para que estes não fiquem no interior do veículo ou sejam atirados pela janela.

Em geral, após o serviço de bordo e as refeições, segue-se um período de descanso, sem atividades intensas, para que os passageiros possam fazer a digestão ou cochilar. De modo geral, costuma-se pôr filmes ou música ambiente para distração dos passageiros.

Como existem inúmeras possibilidades de viagem, é importantíssimo que o guia tenha bom senso, pois tudo depende do grupo e do horário em que se apresentam essas situações.

Atividades de entretenimento

As atividades de entretenimento devem ser preparadas e selecionadas com antecedência pelo guia para cada viagem. É comum preparar-se um número maior de atividades a serem realizadas do que as previstas, uma vez que isso dará ao guia a possibilidade de alterá-las se alguma atividade programada não estiver de acordo com o perfil do grupo em questão. Há jogos considerados excelentes para alguns (como bingo, para a terceira idade) que poderão ser desastrosos para outros (adolescentes).

Na escolha da atividade, é preciso se lembrar, além do perfil do grupo, da segurança dos clientes, principalmente no que se refere à movimentação no interior do veículo. Assim, evitam-se brincadeiras que exijam deslocamento brusco dos passageiros, com correrias e disputas muito acirradas. O oferecimento de brindes ou premiações aos vencedores pode ser bastante animador e servir como importante alavanca para as atividades.

Antes da realização de uma atividade recreativa, é necessário que o guia deixe claras as regras (quando existirem), pois isso evita que simples disputas de gincanas se transformem em motivo de inimizade entre os passageiros. Tais inimizades surgem principalmente em casos de jogos e gincanas em que as regras não foram devidamente explicadas. Se em uma gincana é pedida uma foto e um passageiro apresenta o passaporte ou o documento pessoal, alguns participantes do outro grupo podem se opor à aceitação desse item, e caberá ao guia desfazer o mal-entendido.

Como afirma Carvalho,

> a maioria das pessoas imagina que este tipo de atividade seja muito simples e tranquila de realizar; contudo, se nos lembrarmos de que desde pequenos somos acostumados a competir com o intuito de vencer, entenderemos que este é um momento que mobiliza uma considerável regressão em alguns, aos primórdios da infância, em que ganhar o jogo era a única coisa que dava prazer. Isso significa, muitas vezes, brigas, confrontos e, no mínimo, uma forte dose de mau humor, que já é o suficiente para que fracassemos no intuito de promover um clima agradável de diversão.[11]

Por essa razão, a montagem da programação recreativa deve levar em conta algumas características do próprio guia, pois certas atividades exigem pulso firme e um grau maior de autoridade, enquanto outras requerem maior descontração.

O guia deve tomar cuidado para explicar de forma correta a brincadeira e não permitir que desavenças ocorram. Conhecimento de técnicas e dinâmicas de grupo são importantes, porém, mais do que conhecimento de regras, saber o *timing* correto de início e término de determinada brincadeira pode ser a diferença entre o sucesso ou o fracasso desta.

O profissional deverá ter algumas brincadeiras programadas, mas, se ao iniciar uma delas, perceber que esta não é adequada ao grupo, por qualquer razão, como desmotivação, chacota ou extrema rivalidade, deve, quanto antes, encerrá-la e trocá-la por outra. Do mesmo modo, se ao aplicar uma programação perceber que o grupo está entretido, o que estenderá a atividade por período maior do que o pla-

---

[11] Paulo Jorge Carvalho, *Condução de grupos no turismo* (São Paulo: Chronos, 2002), p. 63.

nejado, deve permanecer com ela, não a interrompendo até que o momento seja adequado.

O entretenimento da viagem, com jogos e brincadeiras, normalmente é feito durante o dia, nos períodos de maior permanência no veículo, e o guia deve verificar o horário ideal de início da atividade, levando em conta a duração média.

A principal finalidade dessas atividades é distrair os passageiros e não deixar o trajeto entediante. É importante que o profissional perceba que a atividade de entretenimento é direcionada à satisfação dos turistas e que não existe roteiro rígido a ser cumprido. Portanto, se o grupo não se interessar por nenhuma atividade recreativa sugerida e preferir descansar, cantar, ouvir música ou simplesmente admirar a paisagem, o guia deve permiti-lo.

Alguns passageiros, por razões pessoais, timidez ou mau humor, podem se negar a participar das atividades recreativas. A função do guia é incentivar a todos para que participem da programação, mas, havendo real negativa de algum passageiro, não se deve constrangê-lo, coagi-lo ou pressioná-lo. O respeito à individualidade deve estar presente no trabalho do guia, além do que algumas pessoas se divertem muito mais assistindo às brincadeiras do que participando delas.

Existem no mercado diversos livros com atividades recreativas, inclusive específicas para ônibus, que servem como base para a montagem da programação recreativa. Todavia, o guia não deve se restringir a elas e precisa, com o tempo, adaptá-las, criando um pacote particular de atividades. Isso evita que algumas das "pegadinhas" das brincadeiras sejam previamente conhecidas por alguns passageiros que já as realizaram em outras viagens, tornando o percurso sempre agradável.

Devem-se evitar jogos e atividades que incluam charadas ou piadas que envolvam questões políticas, religiosas, étnicas, esportivas (times de futebol), relacionadas a opção sexual e outras que possam instigar desentendimentos, discriminações ou preconceitos.

O material utilizado deve ser pensado com cuidado, pois não deve conter peças muito pequenas que possam se perder, pontiagudas ou cortantes que possam causar ferimentos.

Os filmes devem ser sempre dublados, preferencialmente no idioma de domínio da maioria do grupo, tendo-se em vista que o incômodo de ler as legendas com o ônibus em movimento chega a causar mal-estar em alguns passageiros. Os filmes escolhidos devem ser interessantes à maioria do público, mas devem-se evitar filmes que contenham cenas de destruição, resgates e acidentes (aéreos, ferroviários, marítimos ou rodoviários), para o caso de haver pessoas muito impressionáveis e também para evitar que esses filmes atrapalhem o descanso de passageiros que não estejam interessados em assistir a eles.

Check-in na hotelaria

Um pouco antes de chegar ao meio de hospedagem em que haverá o pernoite, o guia deverá, ainda no ônibus, passar algumas informações gerais ao grupo, como:

- Os procedimentos a serem efetuados no check-in.
- Apresentar o hotel e falar sobre suas características, localização e equipamentos existentes (reforçar endereço e nome do hotel para evitar que passageiros se percam).
- Horário e local do próximo encontro ou da próxima saída. Nesse caso, acrescentam-se informações sobre trajes adequados ao passeio.
- Local em que ficará instalado o informativo da programação.

Os procedimentos podem variar, mas, de modo geral, possuem características bastante comuns.

Ao chegar ao hotel, o guia deve solicitar a todos os passageiros que aguardem (no ônibus) até a confirmação dos apartamentos. Apenas depois de se certificar de que todos do grupo estarão alojados no hotel é que os passageiros são autorizados a descer. Esse procedimento, apesar de não ser muito agradável aos turistas, que querem descer de imediato, permite que o guia tenha maior controle sobre o grupo e possa encontrar soluções mais adequadas em casos de problemas com overbooking ou erros de reserva. Se a localização do hotel dificultar a permanência dos passageiros no ônibus, deve-se solicitar que desembarquem e aguardem no saguão.

Caso o(s) voucher(s) da hotelaria esteja(m) em poder do guia, os passageiros devem ser orientados a descer do ônibus com as bagagens de mão e aguardar no saguão, para que seja feita a liberação dos aposentos. Em seguida, o profissional deve conferir o voucher de serviços e o rooming list com a recepção, onde receberá as chaves de todos os apartamentos e anotará na sua listagem o número de cada aposento ao lado do nome do passageiro.

Nesse momento, é importante que o grupo esteja no saguão do hotel, afastado do balcão da recepção, para que o guia e o(a) recepcionista possam conversar com privacidade. Essa privacidade é muito importante em casos de solicitações especiais, trocas de apartamentos, readaptações e tomadas de decisão delicadas se houver algum tipo de complicação ou problema.

Em casos de check-in de grupos, alguns hotéis permitem que a ficha de registro do hóspede seja preenchida nos aposentos e entregue após a acomodação de todos, para agilizar o processo e evitar que a recepção fique sobrecarregada.

Se o(s) voucher(s) da hotelaria não estiver(em) em poder do guia, mas de cada turista, os passageiros devem ser orientados a comparecer à recepção do hotel, preencher a ficha de registro e receber as chaves. Em seguida, após a acomodação dos passageiros, o guia entra em contato com a recepção para anotar o número de todos os apartamentos (isso acontece principalmente em grupos remontados no decorrer da viagem e em pacotes aéreos e terrestres).

Antes de proceder à entrega das chaves e ao encaminhamento das bagagens com os mensageiros (se houver), o guia deve novamente apresentar o hotel, a localização de elevadores, telefones, banheiros, equipamentos existentes nos apartamentos, áreas de lazer, restaurante, horários de funcionamento e sistema de alimentação incluído na programação, etc.

No que se refere ao procedimento do transporte das bagagens aos apartamentos, isso pode variar de acordo com o meio de hospedagem e os serviços incluídos no programa. Pode haver serviço de mensageiro contratado ou extra (mais comum), bem como a necessidade de cada hóspede levar as próprias malas para o aposento (principalmente em hotéis e pousadas mais simples).

Após o alojamento, se houver reclamação por parte dos passageiros referente às acomodações existentes, o guia poderá e deverá agir como intermediário, tentando amenizar a tensão. É importante ressaltar que, apesar de a listagem de passageiros ter sido recebida com antecedência, pode ocorrer, por exemplo, de duas amigas estarem alojadas em um quarto duplo, com cama de casal, enquanto um casal em lua de mel está em um quarto duplo, com duas camas de solteiro.

Devido à configuração dos apartamentos, nem sempre é possível garantir o tipo de cama que haverá no aposento (em especial em períodos de alta temporada). Apesar de causar certo desconforto, esse procedimento é bastante comum. Cabe ao guia e ao pessoal de recepção e reservas do hotel contornar esses desconfortos para satisfazer às necessidades dos clientes. Se não for possível realojá-los de imediato, deve-se tentar fazê-lo o mais rápido possível nos dias seguintes.

Em alguns hotéis de grande porte, que recebem frequentemente grupos com guias, é comum a existência de sala de apoio específica para que os guias de turismo se encontrem com os turistas. Essa sala funciona como ponto de apoio e de encontro e possui, em geral, linha de telefone própria, facilitando, assim, o trabalho dos guias.

A acomodação do profissional e do(s) motorista(s) é feita depois que todos os passageiros são encaminhados aos respectivos apartamentos. O guia, pelas especificidades de sua atividade, deve ficar acomodado em apartamento individual, não devendo dividi-lo com passageiros ou motorista(s).

O dia a dia da viagem

Despertar

O despertar dos passageiros é um procedimento bastante comum aos guias de turismo e consiste na marcação, com a recepção do hotel (ou serviço de telefonia), de horário compatível (definido pelo guia) com a programação prevista, para que todos os apartamentos do grupo sejam avisados. Isso é realizado, em geral, por um sistema automático ou por funcionários do hotel (telefonista ou recepção), podendo ainda ser feito pelo próprio guia em hotéis ou pousadas menores.

A maioria dos passeios compreende saída na parte da manhã; por isso, é importante que o guia esteja acordado antes do grupo, para ter tempo de preparar o material do dia, acompanhar o café da manhã e estar atento ao despertar dos passageiros. Infelizmente, nem sempre é possível confiar em absoluto nos serviços de despertador, pois podem ocorrer imprevistos, esquecimentos e mal-entendidos, os quais poderão causar transtornos desagradáveis ao grupo e ao guia.

Apesar disso, é prudente deixar claro, desde o início da viagem, que o despertar do passageiro é de total responsabilidade dele, que deve conhecer as próprias necessidades de sono, o tempo que necessita para se aprontar para um passeio ou saída, bem como procurar se informar sobre os horários previstos para a saída do dia seguinte. Ao guia cabe ter todo o cuidado de informar ao grupo, de forma clara, na noite anterior, o horário de saída da programação do dia subsequente.

Providenciar o despertar dos passageiros é apenas uma cortesia dos guias e hotéis, não devendo estes ser responsabilizados se algum passageiro não acordar no horário adequado, uma vez que, voltamos a frisar, o despertar em horário compatível é de responsabilidade do turista.

Passeios incluídos

São aqueles descritos na programação de viagem comprada, cujo valor se encontra incluído e que, em decorrência disso, foi pago previamente. De maneira geral, são city tours e visitações a importantes atrativos locais, em que há pouca ou nenhuma cobrança de taxas de entrada.[12]

Apesar de incluídos, nem todos os passageiros, por questões pessoais, fazem questão de participar dos passeios. É importante ressaltar (e isso deve ser explicado com clareza ao turista) que o fato de não participar de alguma programação incluída NÃO dá ao cliente o direito de reembolso posterior pelo passeio não efetuado ou de trocá-lo por outro não incluído.

Conforme a agência para a qual o guia presta serviços, pode ser solicitado ao turista que abre mão do passeio incluído o preenchimento de declaração de desistência a qual isente tanto o guia quanto a empresa de problemas relacionados a esse assunto.

Antes da realização de cada passeio, o guia deverá reconfirmar as reservas e os serviços contratados (guias locais, restaurantes, escunas, etc.) para evitar surpresas de última hora.

---

[12] Quando existe cobrança de taxas, geralmente o valor do ingresso não está incluído.

Passeios opcionais

Passeios opcionais são aqueles que não estão previstos nas programações e são realizados quando a programação é descrita como livre.

Em geral, o passeio opcional inclui visitação a locais e atrativos de interesse específico ou em que haja cobrança de entrada. Em geral, os preços dos passeios opcionais do roteiro são estipulados pela agência/operadora. Se esta não o fizer, os valores deverão ser calculados pelo guia, levando-se em conta a quilometragem utilizada para a realização dos passeios, os ingressos nos locais, a porcentagem da agência, do motorista e do próprio guia. Em determinadas localidades e programações, a venda de passeios opcionais é uma das principais fontes de renda dos guias.

Esse tipo de passeio deve ser pago separadamente ao guia de turismo, e a participação em cada um é de livre escolha do turista. Apesar de antiético, é comum alguns guias tentarem coagir por meio de ameaças, debouches ou recriminações os passageiros que não aderiram aos opcionais.

Normalmente, os opcionais precisam de número mínimo de passageiros para serem operacionalizáveis. Esse número, a partir do qual foi feita a base de cálculo para definir o preço do passeio, é estipulado, em geral, pela agência/operadora.

Todo serviço contratado deverá ser combinado com antecedência. A contratação varia de acordo com a elaboração do programa. Caso a elaboração do passeio tenha sido feita pela agência/operadora, é comum que esta seja responsável por toda contratação local, cabendo ao guia somente a venda dos passeios, o acompanhamento dos turistas e a reconfirmação e a checagem dos serviços.

Quando toda a organização do passeio é feita pelo guia, este se torna responsável por contratar os prestadores de serviços locais (barqueiros, bugueiros e outros), efetuar a compra de ingressos e tíquetes e, quando necessário, agendar reservas em restaurantes, museus, etc.

O pagamento dos serviços, quando realizado no momento do passeio, em geral é feito em lugar reservado e distante dos clientes.

A venda de passeios opcionais é uma das principais fontes de renda dos guias de turismo. É válido lembrar que o serviço do profissional é sempre auxiliado pelo(s) motorista(s), e é comum, por causa dessa parceria, haver divisão dos lucros dos passeios realizados.

O tipo de programação também altera procedimentos básicos como o despertar dos turistas, que pode sofrer alterações de acordo com algumas características específicas, caso o passeio seja:

- *Incluído*. Apesar de os passeios terem sido pagos com antecedência e não haver custo adicional para sua realização, nem sempre todos os passageiros fazem questão de participar, por motivos pessoais. Nesse caso, o guia deverá marcar o despertar de todos os apartamentos. Ao verificar que um não despertou, o profissional deve conversar com o turista e se certificar de que este não quer mesmo participar do passeio. Após a certificação, o guia faz as anotações em seu relatório de viagem, explicando as razões pelas quais o passageiro não quis participar da programação e tendo como testemunha algum funcionário do hotel (o relatório deverá ser assinado pelo turista). Esse procedimento isenta o guia de responsabilidades em caso de solicitações de reembolso com a alegação de perda do passeio por falta de despertar adequado.

- *Obrigatório*. Alguns passeios são obrigatórios por questões operacionais. São chamados passeios obrigatórios aqueles realizados em rota ou em dias de saída de determinadas cidades. Nesses casos, os passageiros NÃO poderão escolher se querem ou não participar, pois será feito o check-out do hotel, todas as bagagens serão colocadas no ônibus, e a programação será encerrada naquela cidade. Mesmo que o passageiro alegue não querer fazer o city tour (pois já conhece a cidade) e aguardar no hotel para se unir ao grupo depois, isso não será possível por questões operacionais. Nessa circunstância, o guia deverá marcar o despertar de todos os apartamentos.

- *Opcional*. No caso de passeios opcionais, o guia deverá marcar o despertar apenas dos apartamentos que fizerem a compra destes, deixando os demais livres para realizar a programação por conta própria. Se um passageiro tiver comprado um passeio opcional e não despertar a tempo de fazê-lo, pode acontecer de não haver reembolso do passeio não realizado. Portanto, é muito importante que o guia monitore todos os apartamentos que compraram os passeios opcionais, para evitar reclamações posteriores.

Refeições

Se houver saídas para refeições incluídas, elas deverão ser acertadas com os estabelecimentos antes da chegada do grupo. O guia deverá contatar o restaurante ou local de parada com uma ou duas horas de antecedência, prevenindo-o da chegada do grupo e reconfirmando a reserva das mesas. Esse contato prévio é muitíssimo importante, pois garante a reserva dos locais ao grupo, evitando incidentes como chegar ao restaurante com um grupo de quarenta pessoas e encontrá-lo lotado.

Nesse momento, também se deve prevenir o restaurante da existência de algum integrante do grupo que possua restrição alimentar, como vegetarianos, diabéticos, crianças de colo ou muito pequenas, e outros. O guia informará ao restaurante o tempo previsto de chegada, o que auxiliará o estabelecimento a organizar a cozinha e preparar as refeições, de forma a serem evitados atrasos e demoras.

Um pouco antes da chegada ao restaurante (local de alimentação), o guia deverá informar aos clientes as principais características do lugar, como:

- Itens da refeição que estão ou não incluídos.

- Pratos principais (especialidades da casa e indicação do guia).

- Serviços oferecidos como toaletes, duchas, loja de suvenires, espaço para crianças, *playground*, entre outros.

- Tempo de parada e horário de saída.

Primeiro, o guia deve cuidar da acomodação de todos, indicando ao grupo o setor reservado a ele ou as mesas. Em seguida, deve estar atento à qualidade dos serviços de atendimento, verificando se todos foram atendidos. Depois, poderá se acomodar e fazer seu pedido (lembrando-se de que, enquanto estiver no desempenho de suas funções, não deverá consumir bebidas alcoólicas, nem mesmo em pequena quantidade).

Durante toda a refeição, o profissional deve estar atento à qualidade dos produtos oferecidos e à satisfação do grupo, controlando-o e orientando-o.

Se a refeição estiver incluída no programa, alguns cuidados extras devem ser tomados. Na maior parte das vezes, quando a refeição está incluída na programação, um cardápio especial é elaborado para o grupo (o que permite a redução de custos). Nesses casos, somente em situações extremas (restrições alimentares graves) é que é permitida a alteração do cardápio e, ainda assim, só após ter sido confirmada e autorizada pelo restaurante.

Quando a refeição é incluída, haverá necessidade de pagamento desta com o voucher de serviço ou em dinheiro. Nessa circunstância, deve-se lembrar de pegar nota fiscal para acerto de contas.

Se o pagamento for feito pelos passageiros, o guia deverá estar atento a eventuais dúvidas de cobrança, couvert, taxas, etc. Se houver pagamento de comissão do restaurante ao guia, este deve ser realizado em local reservado, longe dos turistas.

Normalmente, o guia e o(s) motorista(s) sentam-se em mesas separadas do grupo para a alimentação não apenas porque com frequência guia e condutor(es) têm cortesia nas refeições, mas para poderem dispor de algum tempo livre, sem precisarem responder a dúvidas dos passageiros enquanto se alimentam, e para disporem de maior liberdade para tratarem de temas de trabalho, se necessário. Além disso, o guia certamente não poderá se sentar com todos os passageiros, e a "predileção" por alguns pode criar incômodo a outros.

Check-out[13]

No dia anterior à saída do meio de hospedagem, deve-se alertar o grupo sobre procedimentos e horários de check-out, fixando-se o informativo de saída e comunicando-se a recepção.

No check-out, os passageiros encerram as contas – serviços extras, produtos consumidos e taxas de hospedagem – e retiram os valores porventura guardados no cofre. De maneira semelhante à ocorrida no check-in, o transporte das bagagens, dos apartamentos até o embarque no ônibus, dependerá dos serviços contratados.

É muitíssimo importante que seja verificado se todas as bagagens do grupo estão sendo embarcadas no veículo certo (caso haja vários ônibus no hotel), bem como se todas as embarcadas pertencem efetivamente ao grupo, ou seja, que não se tenha pegado alguma bagagem pertencente a passageiro de outro grupo.

Muito mais eficiente do que simplesmente contar a quantidade de malas e volumes existentes é checar no rooming list a numeração delas (feita no início da viagem), para saber se todas estão sendo embarcadas, pois, se estiver faltando alguma, é possível saber exatamente de qual passageiro é a bagagem ausente.

Ao guia compete a orientação e o auxílio aos passageiros no processo de check-out, bem como a verificação final, com a recepção, de todos os detalhes necessários à saída do hotel. Usualmente, pede-se

---

[13] *Check-out* é o nome dado ao procedimento de saída dos meios de hospedagem, em que são feitos o fechamento das contas e os acertos das despesas.

ao chefe de recepção que assine o rooming list, atestando que todos os hóspedes acertaram as contas e devolveram as chaves, autorizando a saída do grupo.

Pode acontecer de ser solicitado ao guia que retorne à agência/operadora com a nota fiscal ou fatura para pagamento pelos serviços prestados.

Em programações com um único destino, o check-out não é tão sério, pois a viagem de volta será para o local de origem, e, apesar de haver horário previsto, este não é, de maneira geral, muito rígido. Deve-se tomar cuidado especial no caso de check-out em cidades intermediárias da programação ou quando houver retornos com conexões com outros meios de transporte, principalmente no que se refere à demora de alguns passageiros em fechar as contas, o que, além de causar desconforto aos demais integrantes do grupo, pode culminar na perda do embarque em trens, barcos, aviões, ou até mesmo de reservas em restaurantes, etc.

Viagem de retorno e speech final

Os procedimentos realizados na viagem de volta são semelhantes aos da viagem de ida, porém as principais diferenças estão no grau de integração do grupo, no cansaço ou na disposição dos passageiros. Por isso, a programação das atividades deverá estar de acordo com essas características.

Perto da chegada à cidade de origem, são solicitados aos clientes o preenchimento e a entrega do opinário, também chamado opiniário (formulário em que os turistas avaliam o desenvolvimento da programação, o desempenho do guia, do[s] motorista[s] e dos serviços realizados, funcionando como controle de qualidade dos serviços prestados). Em seguida, os opinários são colocados em urna lacrada e entregues à agência/operadora.

Os agradecimentos finais também são feitos próximo ao destino, devendo o guia proceder ao speech final, que deverá conter:

- Agradecimentos pela presença e colaboração de todos em nome do guia, do(s) condutor(es), da transportadora e da agência/operadora.

- Informações sobre o procedimento de desembarque, como retirada de bagagens e vistoria do veículo para o não esquecimento de pertences.

- Estímulo ao turismo feito de forma consciente, saudável e sustentável e sugestão de outros programas realizados pela empresa para as próximas viagens.

A seguir, um exemplo de speech final (que poderá ser modificado de acordo com o perfil do grupo em questão):

> Senhoras e senhores,
>
> Em nome da _____ (agência/operadora), da _____ (transportadora), do(s) condutor(es) senhor(es) _____ e em meu nome, gostaria de agradecer a preferência e desejo ótimo regresso a seus lares.
>
> Espero que guardem boas lembranças de nossa viagem e que se lembrem de que viajar é uma das melhores terapias que existem, pois estimula a convivência saudável entre os homens, o aprendizado de novas culturas e a preservação ambiental.
>
> Em relação ao desembarque... (passar em detalhes o procedimento, esclarecendo dúvidas).
>
> Espero vê-los novamente.
>
> Um grande abraço a todos.

Tanto o speech inicial quanto o final deverão ser personalizados de acordo com o caso e o estilo de cada guia, obedecendo sempre às normas da língua portuguesa, à imparcialidade e ao distanciamento adequados.

Conforme o tipo de grupo, de viagem realizada e de programação, pode acontecer o recolhimento de dinheiro (caixinha) para o guia e o(s) motorista(s) ou a compra de algum presente em reconhecimento aos serviços prestados, ao carinho e à dedicação demonstrados. A entrega da caixinha ou do presente é feita, em geral, pelos passageiros na viagem de retorno, antes da chegada ao local de desembarque.

Embora se trate de procedimento comum – e pode-se considerar até mesmo agradável ter o trabalho reconhecido –, é bastante antiético (porém usual) da parte do guia sugerir, estimular ou insinuar a necessidade dessa atitude ou recompensa.

No que se refere ao desembarque, deve-se tomar cuidado especial em relação às bagagens, pois elas são de responsabilidade do guia até sua entrega definitiva aos passageiros.

É comum alguns clientes desejarem se despedir de forma calorosa, principalmente em viagens em que ocorra grande aproximação entre guia e turistas. Nesses momentos, deve-se lembrar o profissionalismo, mantendo-se a simpatia, mas também a distância necessária para que não haja más interpretações.

Após a viagem

Após o desembarque e a despedida dos passageiros, pode-se proceder à liberação do veículo. Com o motorista, o guia efetua a conferência do ônibus. O motorista deve assinar o checklist e as condições do veículo, atestando mais uma vez sua veracidade. Pode acontecer de ser necessário que o guia acompanhe o veículo até a garagem ou qualquer outro ponto, dependendo das orientações da empresa contratante.

Todo o material restante – de bordo, de limpeza, uniforme e pasta do guia, comprovantes, notas fiscais – deve ser entregue à agência/operadora quanto antes, de preferência no mesmo dia do retorno ou no dia seguinte cedo.

O trabalho do guia apenas é concluído no instante em que entrega à agência o material restante da viagem, com o relatório final e o de gastos (com as devidas prestações de contas, notas fiscais, pagamentos e passeios opcionais).

A forma de pagamento do profissional varia de acordo com a empresa para a qual foi prestado o serviço, podendo o pagamento ser feito na totalidade antes da viagem, 50% antes e 50% depois ou integralmente após a viagem. O acerto do comissionamento pelos passeios opcionais realizados é feito, em geral, durante a prestação de contas, já descontadas as comissões do guia e do(s) motorista(s).

Os serviços do guia acompanhante poderão ser novamente solicitados pela mesma empresa, em curto espaço de tempo, se as tarefas desempenhadas por ele foram bem realizadas, sem percalços, e bem avaliadas pelos opinários e pelo relatório. Em alta temporada, os guias mais requisitados fazem o chamado back to back,[14] ou seja, retornam de uma viagem e no mesmo dia partem com outro grupo, às vezes fazendo o mesmo programa, às vezes outro roteiro.

Relatório de viagem

O relatório de viagem é elaborado pelo guia para ser entregue, ao fim de cada viagem, à agência/operadora contratante e deve conter a descrição de todos os fatos relevantes e incidentes ocorridos durante a viagem. O relatório do guia ajuda a agência/operadora a melhorar os serviços oferecidos, pois permite a obtenção de informações que, de outro modo, não chegariam a ela.

---

[14] Expressão também utilizada para chegada e partida de grupos de turistas de hotéis, com pouco tempo hábil para arrumação dos quartos.

O guia é o único funcionário (vinculado à agência) que terá acesso direto aos fornecedores no instante em que eles estão prestando os serviços, pois, em geral, os funcionários que elaboram e organizam as programações conhecem, escolhem e contratam os fornecedores por intermédio de contatos comerciais, mas não têm como verificar o dia a dia da prestação dos serviços.

Qualquer transtorno, atraso ou dificuldade relativa aos serviços prestados por fornecedores e parceiros deverá estar mencionado no relatório de viagem, bem como a forma de resolução dos incidentes.

O relatório de viagem não é um modo de avaliar o desempenho do guia (avaliado pelo opinário), mas de fazê-lo em relação aos serviços prestados por fornecedores e parceiros envolvidos. Por essa razão, muito mais do que verificações de fatos ocorridos e qualidade dos serviços prestados, devem constar no relatório de viagem sugestões e opiniões para a contínua melhoria da programação.

Considerações sobre viagens aéreas

Estrutura aeroportuária

O trabalho do guia de turismo em aeroportos e aeronaves é muito semelhante ao que ocorre em terminais rodoviários, mas é fundamental que exista o conhecimento a respeito da infraestrutura aeroportuária propriamente dita, bem como de alguns procedimentos aeroviários, pois o profissional deve estar apto não só a informar os passageiros sobre como atuar com rapidez e presteza em caso de necessidade.

Os aeroportos são classificados em regionais, nacionais e internacionais, de acordo com o fluxo aéreo. Sua composição e estrutura pouco variam, apesar de alguns serviços serem oferecidos apenas em aeroportos internacionais. De modo geral, além da parte restrita aos funcionários do local e às companhias aéreas, os aeroportos possuem balcões de companhias aéreas para realização de check-in, salas de embarque e desembarque, portões de embarque, balcão ou sala da autoridade aeroportuária, o Juizado de Menores para autorização de viagens de crianças desacompanhadas, posto médico, setor de guarda--volumes, posto telefônico, correio, lojas diversas – como aluguel de veículos, reserva de hotéis, suvenires e presentes, banca de jornal, livraria, tabacaria, lanchonetes, restaurantes, cafeterias, banheiros, duchas – e vários outros serviços de apoio.

Além disso, os aeroportos internacionais possuem balcão da Polícia Federal para fiscalização de embarques, setor de imigração para fiscalização da entrada de estrangeiros, alfândega para conferência de bens que entram no país, casa de câmbio para troca de moeda e Duty Free Shop.[15]

Quanto maior e mais movimentado o aeroporto, maior é a estrutura de serviços de apoio.

Configuração das aeronaves e tipos de voos

Como acontece com os ônibus, existem vários tipos de aeronaves, e a configuração destas muda conforme o modelo e, às vezes, de acordo com a companhia aérea. É interessante que o guia se informe com antecedência sobre qual será o tipo de aeronave na qual estará o grupo, para que possa realizar e programar melhor seu trabalho.

Diferentemente dos rodoviários, os equipamentos aéreos são separados por classes de viagem. Em voos regulares, o que varia em relação às classes é o conforto proporcionado, a configuração das poltronas, a alimentação oferecida e os serviços durante o voo. Quanto melhor a classe, maior o preço pago por ela. Em geral, as excursões aéreas em voos regulares que têm acompanhamento de guia são acomodadas na classe econômica. Em casos especiais, o passageiro pode

---

[15] Lojas em que podem ser comprados produtos importados, um pouco mais em conta, tendo--se em vista que são isentos de imposto.

optar por pagar a diferença entre classe econômica, classe executiva, primeira classe ou pelas poltronas mais espaçosas oferecidas por algumas companhias na classe econômica.

Por não ser permitido aos passageiros da classe econômica circular entre ou visitar as demais classes, esse é um dos pontos principais sobre o qual o guia é questionado em uma viagem aérea. Além disso, em voos regulares, o público de uma aeronave é bastante variado, havendo passageiros com motivações diversas, como negócios, lazer, eventos, saúde, etc., e, consequentemente, com os mais diversos comportamentos. Por essa razão, cabe ao guia explicar com delicadeza o fato aos passageiros, pois brincadeiras de integração e atividades recreativas devem ser deixadas para outro momento.

Todavia, de modo geral, os voos fretados possuem apenas a classe econômica, e quase todos os passageiros pertencem a grupos e estão em viagem a lazer, o que facilita o trabalho do guia, pois torna o público mais homogêneo e dificilmente ocorrem problemas de relacionamento entre passageiros.

Material do guia

O material do guia que acompanha uma viagem aérea é similar ao do guia rodoviário, porém com o acréscimo dos documentos necessários à viagem aérea, como confirmação das reservas dos passageiros (impressas)[16] respectivos localizadores[17] e informações sobre o voo, como escalas e conexões.

---

[16] Pode soar um pouco antiquado pensar em ter documentos impressos quando eles estão todos em sistemas. É importante, entretanto, lembrar que smartphones e outros dispositivos eletrônicos podem se extraviar, ficar sem conexão com internet ou mesmo serem roubados. Algumas vezes pode ser extremamente útil possuir cópia impressa de alguns documentos.

[17] Localizador ou LOC é o código alfanumérico que identifica a reserva dos passageiros pela companhia aérea.

O principal diferencial relaciona-se às bagagens de mão, que devem conter uma muda de roupa completa mais acessórios de primeira necessidade.[18]

Procedimentos no aeroporto

No aeroporto, cabe ao guia:

- Recepcionar o grupo, dando-lhe boas-vindas e passando todas as informações sobre o processo de embarque, os procedimentos alfandegários, a duração do voo, a bagagem de mão, a viagem, a infraestrutura aeroportuária e o controle sobre o embarque dos passageiros, atentando aos horários e às modificações que porventura houver.

- Realizar o check-in ou auxiliar os turistas nesse trâmite. Se o tíquete aéreo for de grupo – ou seja, único para todo o grupo –, o guia é autorizado a efetuar o check-in dos passageiros, providenciando a etiquetagem das bagagens e o despacho. Esse auxílio só pode ser prestado em voos nacionais. Nos internacionais, o check-in deve ser feito pelo próprio passageiro, separadamente, pela necessidade de documentação específica. É cada vez mais comum os passageiros realizarem o check-in antecipado, antes mesmo de encontrar com o grupo no aeroporto, seja on-line por meio de tablet ou computador, seja no smartphone por meio de aplicativo previamente baixado no aparelho, seja nos terminais de autoatendimento dos aeroportos. O procedimento evita atrasos e facilita o despacho das bagagens, uma vez que o passageiro já terá em mãos seu cartão de embarque, que deve ter sido impresso em casa ou no terminal de autoatendimento, ou estar disponível em seu aparelho celular ou tablet.

---

[18] Ver o capítulo "Dicas de viagem".

- Providenciar o despacho das bagagens, verificando se o destino correto foi etiquetado nas malas.

- Orientar os passageiros sobre o local de embarque (doméstico ou internacional e número e direção do portão) e frisar a importância do embarque no horário especificado.

- Em caso de viagens internacionais, sugerir aos passageiros que realizem compras no Duty Free Shop apenas no retorno da viagem, pois, se o fizerem no início, deverão carregar as compras ao longo de todo o percurso.

Se houver menores desacompanhados de um dos responsáveis,[19] eles somente poderão embarcar se tiverem autorização do Juizado de Menores.

Vale lembrar que o passageiro é o único responsável por levar toda documentação necessária ao embarque, como documento de identificação oficial com foto, passaporte, vistos, Certificado Internacional de Vacinação com as vacinas exigidas válidas, bilhete aéreo individual, autorização do Juizado de Menores, etc. Caso algum passageiro não possua a documentação necessária exigida pela legislação e pela companhia aérea e seja impedido de embarcar, o guia pouco poderá fazer, a não ser contatar a agência/operadora e informar o ocorrido.

Procedimentos no voo

Como qualquer outro passageiro, o guia deve se submeter às regras aeroportuárias e atuar em parceria, auxiliando os funcionários das empresas aéreas sempre que necessário.

Há muito pouco que fazer durante uma viagem aérea, além de dar atenção especial a algum passageiro que esteja se sentindo mal

---

[19] Considera-se desacompanhado o menor que esteja viajando sem o acompanhamento de ambos os responsáveis (pai e mãe), mesmo que esteja em companhia de um deles. Para que o menor possa sair do país, é necessária a autorização de ambos ou o acompanhamento de um e a autorização do outro.

em decorrência da pressurização da aeronave ou com medo de voar, uma vez que, durante o voo, não é permitido interferir no trabalho da tripulação, salvo em casos em que esta solicite a ajuda do guia para intervir junto ao grupo ou algum passageiro que esteja incomodando, por exemplo.

Se o chefe dos comissários de bordo permitir, pode-se fazer o speech inicial na aeronave, em momento em que não atrapalhe o andamento das tarefas da equipe de bordo. Em geral, esse procedimento só é realizado quando há o acompanhamento de guias em voos fretados, tendo-se em vista que, nos regulares, existe a mistura de diversos públicos, como explicado anteriormente.

Paradas técnicas, serviço de bordo e atividades recreativas

Diferentemente da viagem rodoviária, em voos não há paradas técnicas, portanto, naqueles de grande distância, é aconselhável a todos andar de tempos em tempos pelos corredores da aeronave para ativar a circulação sanguínea.

O serviço de bordo é feito pela tripulação da aeronave, não cabendo ao guia nenhum papel específico, a não ser que seja solicitado para tal.

Durante o voo, não se deve fazer nenhuma atividade recreativa, exceto nos casos de aviões fretados, em que todos os passageiros pertencem ao mesmo grupo. Nessas circunstâncias, as atividades devem ser realizadas de comum acordo com os guias existentes, de forma a incluir a participação de todos os passageiros. De qualquer modo, as atividades precisam ser autorizadas pela tripulação, muito bem escolhidas e não podem envolver o deslocamento de passageiros, uma vez que, durante os voos, todos devem permanecer sentados por questões de segurança. Vídeos e músicas são boas opções, apesar de, com frequência, estes serem oferecidos pelas próprias companhias aéreas, não sendo necessário que o guia tome qualquer providência a esse respeito.

Conexões e desembarque

Quando houver conexões no voo, ou seja, a necessidade de troca de aeronaves ao longo do trajeto, o guia deve ficar atento ao grupo e auxiliá-lo no direcionamento da sala de espera correta, indicada pelos funcionários da companhia aérea. Embora os procedimentos sejam idênticos ao do primeiro embarque, deve-se tomar cuidado especial para que não haja perda de bagagens de mão ou dispersão dos passageiros no reembarque e consequente perda da aeronave.

Para o desembarque final não existe check-out como em hotelaria, pois não há nenhum processo a ser realizado na saída. Entretanto, o guia deve ser um dos primeiros a sair (na medida do possível), para auxiliar o grupo e indicar o caminho para a sala de desembarque, onde serão retiradas as bagagens, normalmente em esteiras rolantes. O profissional também deve ficar atento à retirada das bagagens da esteira, verificando se todos os passageiros do grupo estão de posse de seus pertences.

Se alguma bagagem for extraviada ou violada, deve-se acompanhar o turista e auxiliá-lo a entrar em contato imediato com um funcionário da companhia aérea ou com o setor especialmente destinado a esse problema (se houver). Será preenchido o Registro de Irregularidade de Bagagem (RIB), ou formulário similar como o Property Irregularity Report (PIR), e o passageiro lesado deverá aguardar o contato da companhia para o direcionamento da mala quando esta for encontrada. Se a bagagem não for encontrada ou tiver sido violada, a companhia aérea deverá tomar as providências para ressarcir o passageiro.[20]

---

[20] Ver o capítulo "Impasses comuns, situações de emergência, queixas e reclamações".

No caso de viagens internacionais, depois da retirada das bagagens da esteira, todos devem se apresentar ao setor de imigração (inclusive o guia), apresentar a documentação devida e, se for solicitado pela alfândega, permitir vistoria e checagem da bagagem.

Meio de transporte e traslado ao hotel

Após todo o grupo (ou grande parte dele) ter recebido a bagagem e/ou passado pelo serviço alfandegário, solicita-se a ele que aguarde em um ponto específico, na sala de desembarque, sem se dispersar, enquanto o meio de transporte e o guia local receptivo (se houver), que farão o trajeto do aeroporto ao meio de hospedagem (transfer in), são localizados. A partir daí, o transfer in passa a ser responsabilidade do guia receptivo local, que dará todas as informações necessárias ao bom aproveitamento da viagem (informações similares ao speech inicial). O relacionamento do guia local e do guia acompanhante é semelhante ao explicado antes em relação ao guia rodoviário.

Se não houver guia local, o guia acompanhante deverá fazer o speech de chegada e dar continuidade aos procedimentos de hospedagem, refeições e passeios, que, uma vez em solo, são idênticos aos de viagens rodoviárias, quer sejam elas nacionais ou internacionais.

É possível que, após uma viagem longa, algum passageiro apresente mal-estar, estresse, alteração do ciclo de sono ou de alimentação ocasionado pela diferença de fuso horário (jet lag). Nesse caso, é interessante proporcionar-lhe algum tempo de descanso, com atividades físicas ou mentais que exijam pouco esforço.

Reconfirmação de voos e bagagens

Uma das poucas diferenças de procedimentos do guia de turismo rodoviário em relação ao aéreo é que também cabe ao guia acompanhante de viagens aéreas a confirmação dos bilhetes de retorno de todos os passageiros, o que deve ser feito, no mínimo, 72 horas antes do embarque. Embora pareça uma tarefa simples, é muito importante que ela seja feita, pois o esquecimento pode causar sérios transtornos, principalmente em épocas de alta temporada.[21] Caso a reconfirmação não seja feita em tempo hábil, poderá ocorrer o cancelamento das reservas da viagem de retorno do grupo todo ou de parte dele.

Nesse caso e em vários outros momentos, pode ser necessário o uso do alfabeto fonético internacional para soletrar os códigos e/ou nomes dos passageiros.

Alfabeto fonético	
A – Alpha	N – November
B – Bravo	O – Oscar
C – Charlie	P – Papa
D – Delta	Q – Quebec
E – Eco	R – Romeu
F – Fox	S – Sierra
G – Golf	T – Tango
H – Hotel	U – Uniform
I – Indian	V – Victor
J – Juliet	W – Whisky
K – Kilo	X – Xadrez ou X-Ray
L – Lima	Y – Yankee ou York
M – Mike	Z – Zulu

---

[21] Desde o início da pandemia o setor aéreo tem sofrido muitas mudanças em seus procedimentos. Muitos voos têm sido cancelados ou alterados devido a ajustes de demanda, restrições sanitárias e até mesmo por greves de empresas vinculadas ao setor aéreo. Desta forma, a reconfirmação dos status do voo torna-se ainda mais vital.

Uma das únicas providências que o guia poderá tomar no tocante às bagagens é verificar se todas as etiquetas referentes ao voo anterior foram retiradas antes do despacho no balcão da companhia aérea para o voo de retorno. Esse procedimento simples evita grandes confusões, pois diminui muito as chances de as malas serem despachadas por engano para outro aeroporto.

Considerações sobre viagens marítimas

Diferentemente do que se via em transatlânticos antigos, como o famoso Titanic, com raras exceções, hoje não há mais distinção de classes nas embarcações, podendo os passageiros fazer uso indiscriminado de qualquer parte ou equipamento do navio, desde que não restritos à tripulação.

A distinção é feita apenas na escolha da categoria dos aposentos que serão utilizados. São cabines externas ou internas, com ou sem varanda, que variam em luxo, tamanho, *deck*[22] e vista. Todo o sistema dos navios é similar ao dos hotéis, pois os primeiros são, em essência, grandes resorts móveis sobre a água.

Não é muito comum o acompanhamento de guia durante as viagens marítimas, exceto quando o cruzeiro é curto e faz parte de uma programação maior. Em geral, o guia é solicitado para auxiliar o embarque dos passageiros, semelhante ao de viagens aéreas, com a única diferença que, nesse caso, o despacho das bagagens é feito direto para as cabines.

Se houver acompanhamento do guia durante a viagem, é prudente o conhecimento prévio de todos os equipamentos do navio para que se possa circular com maior facilidade e para que se possam orientar

---

[22] Os *decks* correspondem aos andares dos navios. De maneira geral, quanto mais alto for o *deck*, melhores e maiores serão as cabines.

os passageiros. É aconselhável ao guia fazer a apresentação do navio ao grupo pouco tempo após o embarque e solicitar a todos que assistam à demonstração dos procedimentos de segurança e emergência da embarcação feita pela tripulação.

Não há tarefas a serem desempenhadas durante uma viagem marítima; apesar disso, ao longo dela, o guia deve ficar à disposição para qualquer eventualidade, oferecendo auxílio e orientação aos passageiros.

Quando o navio realiza as paradas e existem passeios opcionais em terra, estes são oferecidos a todos os passageiros, independentemente de pertencerem ou não a um grupo específico.

Em casos excepcionais, o guia acompanhante poderá realizar os passeios separadamente com seu grupo nas excursões em terra, os quais podem ter sido organizados previamente pela agência/operadora ou pelo próprio guia e, nessa circunstância, vendidos como opcionais. Nos dois casos, os procedimentos de reconfirmação dos serviços e as providências tomadas são idênticos aos realizados em passeios feitos com guias locais em viagens rodoviárias. Para os guias receptivos locais, não existem diferenças de procedimentos em relação aos passageiros por serem procedentes de navios.

Ao fim da viagem, o guia auxilia no desembarque dos turistas, orientando-os e direcionando-os.

Considerações sobre viagens lacustres, fluviais e ferroviárias

Existem poucas viagens fluviais ou ferroviárias que requerem a presença de guia. Hoje, a maioria dos deslocamentos fluviais ocorre em forma de passeios oferecidos em cidades turísticas ou entre elas, cuja duração não excede um dia.

Quase não existem diferenças de procedimentos de embarque durante o trajeto, pois, como nas viagens marítimas, não há muito o que ser feito. A exceção se faz quando o deslocamento por esses meios de transporte são passeios que têm aspectos específicos e informações interessantes a serem passadas aos turistas. Ainda assim, esses passeios geralmente fazem parte de uma programação maior e nela estão incluídos.

Documentação relativa às viagens

Não existe padronização para a documentação relativa às viagens. Portanto, toda ela pode ter a forma modificada conforme cada agência/operadora. As empresas ainda podem acrescentar ou retirar alguns dos seguintes documentos relacionados, conforme conveniência e/ou especificidades da programação.

São colocados a seguir alguns exemplos e modelos de como esses documentos são apresentados, em sua forma física ou digital, todavia nada impede que sofram alterações de estrutura e texto, acompanhando inclusive as novas tecnologias.

a) *Ordem de serviço*. É o documento em que está descrito todo o trabalho a ser realizado. Pode vir acompanhada de lista de informações referente à viagem, como relação de hotéis a serem utilizados, restaurantes, serviços incluídos e empresas contratadas (com os respectivos endereços e contatos), bem como indicação do que foi acertado com antecedência e dos valores a serem pagos em cada local. É elaborada pela agência/operadora contratante e entregue ao guia no início de cada viagem.

Ordem de serviço

Excursão: Cidade Ideal   Nº: 527   Período: 00/00/00 a 00/00/00

Guia: Fulano   Nº PAX: 54   Idioma(s): inglês, espanhol e francês

Transportadora: STSTS Turismo

Local para vistoria do veículo: garagem da transportadora

Ponto de encontro: estação de metrô   Data e hora: 00/00/00 às 6h

Hotel de acomodação em XYZ: Royal Royal XYZ

Forma de pagamento: pré-pagamento feito pela operadora; apresentar código de reserva, comprovante de pagamento.

Hotel de acomodação em ABC: Royal Royal XYZ

Forma de pagamento: pré-pagamento feito pela operadora; apresentar código de reserva, comprovante de pagamento.

Contratação de guia regional

Localidade: XYZ   Guia: Beltrano

Agência local: EYEYE Turismo

Endereço: Av. Viaje Sempre, 1.235   Tel. (0xx00) 0000-0000

Forma de pagamento: pré-pagamento feito pela operadora; apresentar código de reserva, comprovante de pagamento.

Serviços incluídos a serem executados:

• City tour básico de meio dia – 00/00/00, às 9 h

• Saída de praia – 00/00/00 às 14:00

(cont.)

Passeios opcionais:

- By night com jantar dançante no restaurante Dance e Jante. Custo por pessoa: xxxx

Tel. 9999-0000 – com Fulana

Localidade: ABC   Guia: Sicrano

Agência local: EYEYE Turismo

Endereço: Av. Viaje Sempre, 1.235   Tel. (0xx00) 0000-0000

Forma de pagamento: pagamento no local após execução do serviço.

City tour: custo de 00,01 por PAX

Passeio de charrete: custo de 00,02 por PAX

Serviços incluídos a serem executados:

- City tour básico de meio dia – 00/00/00, às 9 h
- Passeio de charrete de meia noite – 00/00/00, às 22h30

Data: _____ / _____ / _____

_____
               Assinatura

Senhor guia, favor conferir a ordem de serviço e retirar uniforme, identificação, material promocional e brindes na coordenação.

                                             Boa viagem.

b) *Voucher de serviços.* Mais conhecido como cupom de viagem, é um documento em que existe a descrição dos serviços que determinado prestador deverá realizar em favor de um grupo ou passageiro. Em geral, todos os envolvidos no processo recebem o voucher e/ou a confirmação em sistema ou e-mail. No caso de o voucher servir a um grupo de passageiros, deverá vir acompanhado de relação de nomes.

A apresentação dos vouchers tem sido paulatinamente abolida devido à utilização dos sistemas de reserva on-line. Apesar disso, ainda é uma realidade, principalmente em destinos que possuem sistemas menos informatizados.

STSTS Viagens e Turismo	Av. Viaje Sempre, 123 – Centro – CEP: 01235-000 São Paulo – Fone/Fax: (0xx11) 8765-5321/5322 E-mail: aes@provedor.com.br CNPJ: 01.235.567/0001-32 – Inscr. Est.: 01235567
Ao: Hotel Royal Royal XYZ Cidade: XYZ Endereço: Av. Viaje Sempre, 1.235 - Fone: (0xx00) 0000-0000	
Favor providenciar os serviços descritos abaixo para:	Voucher nº: 12345
Sobrenome/nome do passageiro Nº PAX: 02 ADT Chegada: 00/00/00 Partida: 00/00/00	
Serviços: 1 ap. duplo standard. Diária com café da manhã incluído.	
Confirmado por: Setor de reservas e registros/cód. de reserva nº: 12A35B Fone/Fax: (0xx00) 0000-0000 Data: 00/00/00	
Este voucher é intransferível, não negociável e só terá validade com carimbo e assinatura autorizada. Está sujeito às condições gerais do contrato.	

c) *Roteiro ou itinerário de viagem.* É a relação e a descrição detalhada de todos os locais pelos quais o grupo deverá passar. Deve conter os dias, os períodos das visitas e os horários previstos para chegada a cada lugar. Frequentemente, esse roteiro contém uma cópia daquele entregue aos passageiros no ato da compra, porém o do guia deve ser bem mais detalhado, não podendo deixar de conter nenhum item que apareça descrito no roteiro dos passageiros.

Roteiro/programa Cidade Ideal

Saída: (data)

1º dia

> 9 h – Horário de chegada ao ponto de encontro (estação do metrô).
> 10 h – Encontro com os passageiros e início do embarque.
> 11 h – Partida com destino a XYZ pela rodovia ZZZZZ.
> 13h30 (aproximadamente) – Parada técnica de quarenta minutos para almoço no km 0000, no posto/restaurante.
> 17 h – Chegada e acomodação no hotel Royal Royal XYZ. Noite livre.

2º dia

> 9 h – Saída para city tour com guia local.
> 13 h – Retorno ao hotel.
> Tarde livre.

d) *Cartaz de identificação do veículo.* É uma placa que deverá ser colocada na parte da frente do veículo para auxiliar a identificação deste pelo grupo. Esse documento é utilizado com frequência quando há mais de um veículo viajando em grupo. É muito importante, pois auxilia e orienta o reembarque dos passageiros no veículo correto.

STSTS
Viagens e Turismo

Colégio
Cultura e Tradição

Turma: 2ª B

Carro 3

e) *Checklist do veículo*. Relação de todos os equipamentos e itens presentes no veículo, bem como as condições destes no momento de saída da viagem, com as respectivas quantidades. O checklist deve ser conferido pelo guia antes e depois da viagem e passado ao motorista, para que ele o assine e comprove sua veracidade.

Checklist do veículo

Transportadora: _____ Carro: _____

Km início da viagem: _____ Km fim da viagem: _____

Km rodados: _____

Motorista(s): _____ Guia: _____

Período: ___ / ___ / ___ a ___ / ___ / ___

Excursão: _____ Nº: _____

Roteiro: _____

Obs.: _____

	Itens	Quantidade	Observações
1	Mantas		
2	Travesseiros		
3	Ar-condicionado		
4	Vídeos em DVD		
5	Televisão		
6	Aparelho de DVD		
7	Aparelho de som		
8	Microfone		
9	Frigobar		
10	Garrafa térmica		
11	Cesta		
12	Bandeja		
13	Papel higiênico		
14	Papel-toalha		
15	Material de limpeza		
16	Avental		
17	Copos plásticos		
18	Sacos de lixo grandes e pequenos		
19	Guardanapos		
20	Água mineral		
21	Refrigerantes		
22	Lanches		
23	Brindes (sacolas/outros)		

f) *Checklist de primeiros socorros*. Relação de todos os itens presentes na caixa de primeiros socorros no momento de saída da viagem, com as respectivas quantidades. A caixa de primeiros socorros não pode (nem deve) conter medicamentos, pois o guia não tem autorização para ministrá-los aos passageiros. Os materiais existentes são para primeiros socorros, em casos de acidentes leves (quedas, torções, arranhões, etc.).

Checklist de primeiros socorros

Excursão: _____ Nº: _____

Período: ___ / ___ / ___ a ___ / ___ / ___

Guia: _____

Obs.: _____

_____

	Itens	Quantidade	Observações
1	Compressa de gaze		
2	Atadura/faixa		
3	Curativos adesivos		
4	Rolo de esparadrapo		
5	Algodão		
6	Cotonetes		
7	Água oxigenada 10 vol.		
8	Luvas cirúrgicas		
9	Máscara de procedimentos		
10	Tesoura		
11	Termômetro		
12	Soro fisiológico		
13	Pinça		
14	Agulha		
15	Linha		
16	Sabão		
17	Iodo		
18			
19			
20			

g) *Checklist de bordo.* Relação de todos os kits de serviço de bordo presentes no veículo no momento de saída da viagem, com as respectivas quantidades.

Checklist de bordo

Excursão: _____ Nº: _____

Período: ____ / ____ / ____ a ____ / ____ / ____

Guia: _____

1º serviço

Trecho: _____ a _____

Horário previsto: _____ h

	Itens	Quantidade	Observações
1	Sanduíche de...		
2	Fruta		
3	Bolacha salgada		
4	Bolacha doce		
5	Torrada		
6	Queijo		
7	Geleia		
8	Doce		
9	Chocolate		
10	Balas		
11	Suco		
12	Refrigerante		
13	Achocolatado		
14	Café		
15			
16			

2º serviço

Trecho: _____ a _____

Horário previsto: _____ h

	Itens	Quantidade	Observações
1	Idem		
2			
3			

h) *Etiquetas de bagagem.* Permitem a identificação das bagagens de cada passageiro. A maioria delas deve ser preenchida pelos próprios turistas, apesar de várias empresas efetuarem o preenchimento antecipado por sistema informatizado.

As etiquetas devem ser atadas às malas dos clientes quando da saída para a viagem e colocadas em apenas uma das alças fixas (nunca em ambas, pois dessa forma o risco de rompimento é muito maior e a mala perderá a identificação).

Alguns guias realizam a numeração das etiquetas com caneta hidrográfica grossa, para contagem geral, pois isso lhes permite saber quantas malas existem ao todo e identificar facilmente qual está faltando, o que facilita o controle no restante do roteiro.

O sistema de fitas ou etiquetas coloridas em adição às etiquetas com nomes pode auxiliar no caso de haver passageiros hospedados em hotéis diferentes, em uma mesma viagem, sendo transportados no mesmo veículo.

i) *Relação de passageiros.* Deverá conter o nome completo, o número do documento, a nacionalidade, a data de nascimento e o telefone de todos os passageiros e poderá ser requisitada por autoridades rodoviárias.

Relação de passageiros

Data: ____ / ____ / ____

Localidade: _____

Excursão: _____ Nº: _____

	Nome	RG	Nasc.	Nac.	Fone
1					
2					
3					
4					
5					
6					
7					
8					
9					
10					
11					
12					
13					
14					
15					
16					
17					

Observação: a quantidade de linhas varia de acordo com o número de passageiros no grupo.

j) *Ficha médica*. Contém o controle médico individual de cada passageiro, como dados pessoais, medicamentos regulares, doenças crônicas e alergias, relação de contatos em caso de eventuais emergências, etc. O conteúdo dessa ficha é confidencial e deverá ser acessado apenas pelo guia ou por pessoal habilitado em caso de necessidade.

Ficha médica (confidencial)

Nome: _____

Profissão: _____ RG: _____

Naturalidade: _____ Data de nasc.: _____

Endereço: _____

Bairro: _____ CEP: _____

Cidade: _____ Estado: _____

Fone res.: (_____) _____ Fone com.: (_____) _____

Contato em caso de emergência:

Nome: _____ Fone: (_____) _____

Nome: _____ Fone: (_____) _____

Nome: _____ Fone: (_____) _____

Tem alergia a alguma medicação? (_____) sim   (_____) não

Qual? _____

Faz tratamento ou é portador de alguma doença?

(_____) sim   (_____) não

Qual? _____

Usa alguma medicação? (_____) sim   (_____) não

Qual? _____

Já sofreu alguma cirurgia? (_____) sim   (_____) não

Qual? _____

Quando? _____

Observações: _____

_____

Atesto que as informações acima são verdadeiras.

Data: _____ / _____ / _____

_____

Assinatura

k) *Rooming list*. É a lista com a definição e a forma de acomodação dos passageiros nos quartos. Pode haver um rooming list
para cada meio de hospedagem integrante do roteiro (caso haja
modificação de estrutura de acomodação, com apartamentos tri-
plos, quádruplos ou camas extras) ou um geral para todos. Deve
ser checado com a recepção dos hotéis no ato do check-in.

Rooming list

Hotel: _____ Cidade: _____

Entrada: ____ / ____ / ____ às _____ h

Saída: ____ / ____ / ____ às _____ h

Excursão: _____ Nº: _____

Total de apartamentos: SGL _____ DBL _____ TWN _____

TPL _____ QPL _____

	Sobrenome / nome	Ap.	Observação
1			
2			
3			
4			
5			
6			
7			
8			
9			
10			
11			
12			
13			
14			
15			
16			
17			

Observação: a quantidade de linhas varia de acordo com o número de
apartamentos ocupados pelo grupo.

l) *Informativo de programação.* É um cartaz informativo que traz a programação prevista para determinada localidade, com datas e horários. Deverá ser afixado no mural de informações do meio de hospedagem, no primeiro dia de permanência no hotel/pousada. Deve haver um cartaz para cada meio de hospedagem integrante do roteiro, desde que haja programação prevista para aquela localidade, isto é, que não seja cidade de passagem somente para pernoite. Se dois ou mais grupos se hospedarem no mesmo hotel, deverá existir um cartaz de programação para cada grupo.

Informativo de programação

Excursão: _____ Nº: _____

Grupo: _____

Período: ____ / ____ / ____ a ____ / ____ / ____

Hotel: _____ Cidade: _____

Guia: _____

Guia local: _____

Data	Horário	Programação	Observações

Lembretes: que roupa usar (roupa de banho, calça comprida, roupa social, salto alto, etc.) ou não usar em caso de proibição (sem camisa, minissaia, decotes, etc.); que acessórios levar (máquina fotográfica, protetor solar, muda de roupa extra, etc.); dinheiro (para compras, alimentação, etc.) e outros itens.

m) *Informativo de saída.* É um cartaz que contém todas as informações relativas à saída do passageiro do meio de hospedagem, seja para a continuação do roteiro em outras localidades, seja para o retorno à cidade de origem.

No cartaz, são informados todos os detalhes necessários à saída do hóspede, como horários em que deverá deixar malas e chaves na recepção, encerrar as contas e deixar o meio de hospedagem, bem como o horário previsto para chegada à próxima localidade do roteiro ou à cidade de origem. Há um cartaz para cada meio de hospedagem integrante do roteiro.

Informativo de saída

Excursão: _____ Nº: _____

Grupo: _____

Hotel: _____ Cidade: _____

Guia: _____

Data: ____ / ____ / ____

Malas e chaves na recepção às _____ h

Saída do hotel às _____ h

Chegada a _____ às _____ h

Lembretes: roupa ideal para viagem e bagagem de mão.

n) *Lembrete de saída*. Pequeno lembrete colocado por baixo da porta do quarto dos passageiros do grupo ou na recepção. O conteúdo é igual ao informativo de saída e serve para alertar os passageiros que porventura não visualizaram o informativo na recepção e garantir o cumprimento dos horários estipulados.

Lembrete de saída

Hotel: _____ Ap.: _____
As chaves do ap. e as malas deverão estar na recepção às
_____ h.
As despesas extras deverão ser pagas na entrega das chaves.
A saída do hotel está prevista para as _____ h.
A chegada a _____ está prevista
para as _____ h.
Antes de sair, verifique se não está esquecendo nada no apartamento.

Boa viagem.

o) *Opinários*. Atualmente, em vez de questionários de papel, cada passageiro recebe um e-mail com o link do questionário de satisfação, para que possa ser avaliado o grau de contentamento dos turistas em relação à programação. São avaliados todos os serviços oferecidos, como percurso, meios de hospedagem, serviço do guia, equipamentos, etc.

Os opinários são uma importante ferramenta do organizador da viagem, para que alguns elementos possam ser melhorados.

Opinário

Caro passageiro:

Para que possamos avaliar nossos serviços, inovar e melhorar ainda mais nossa qualidade, pedimos a gentileza de responder este questionário. Sua opinião é muito importante, pois só assim poderemos melhorar ainda mais nossos serviços.

Agradecemos a preferência e continuamos à disposição.

Atendimento inicial

Agência: ( ) ótimo ( ) bom ( ) regular ( ) ruim

Agente: ( ) ótimo ( ) bom ( ) regular ( ) ruim

Transporte

Veículo: ( ) ótimo ( ) bom ( ) regular ( ) ruim

Motorista(s):   ( ) ótimo ( ) bom ( ) regular ( ) ruim

Serviço de bordo: ( ) ótimo ( ) bom ( ) regular ( ) ruim

Limpeza: ( ) ótimo ( ) bom ( ) regular ( ) ruim

Hotelaria

Hotel A: _____ Cidade: _____

                        ( ) ótimo ( ) bom ( ) regular ( ) ruim

Hotel B: _____ Cidade: _____

                        ( ) ótimo ( ) bom ( ) regular ( ) ruim

Programação/roteiro

Nome: _____

                        ( ) ótimo ( ) bom ( ) regular ( ) ruim

Guia de turismo

Guia da excursão: ( ) ótimo ( ) bom ( ) regular ( ) ruim

Guia(s) local(is):   ( ) ótimo ( ) bom ( ) regular ( ) ruim

Nota da viagem: [   ]

Considerações finais/críticas e sugestões: _____

p) *Relatório de viagem*. É o documento elaborado pelo guia que contém os relatos de viagem na totalidade, com os detalhes necessários, os possíveis problemas enfrentados no percurso e as soluções tomadas. O relatório de viagem também constitui importante ferramenta para que o guia auxilie na elaboração e na alteração das próximas programações da agência. Deve ser entregue à agência no máximo uma semana após o término da viagem.

Relatório de viagem

Excursão: _____ Nº: _____

Período: ___ / ___ / ___ a ___ / ___ / ___

Guia: _____

Data	Programação	Observações

Geral: _____
_____
_____
_____

Sugestões: _____
_____
_____
_____

Data: _____ / _____ / _____

_____
Assinatura

q) *Relatório de gastos*. Documento descritivo em que constam todos os gastos efetuados pelo guia durante a viagem. Deve obrigatoriamente ser acompanhado das notas fiscais de cada débito e do retorno do dinheiro restante.

Relatório de gastos

Excursão: _____ Nº: _____

Período: ____ / ____ / ____ a ____ / ____ / ____

Guia: _____

Data	Referência	Entrada	Saída
	Total		
	Balanço final		

Observações: _____
_____
_____
_____

Data: _____ / _____ / _____

_____
Assinatura

r) *Recibo de pagamento a autônomo (RPA)*. Documento utilizado pelos guias como recibo dado às agências/operadoras pelos serviços prestados. Também é usado na declaração de Imposto de Renda, quando necessário. Esse documento pode ser adquirido em papelarias, em blocos numerados.

s) *TKT individual*. Tíquete ou bilhete individual utilizado para embarque aéreo. O guia deve conhecer o conteúdo deste, para que possa orientar os passageiros, de forma correta, sobre o embarque. É igualmente necessário para a reconfirmação da reserva de retorno.

t) *TKT master*. Tíquete ou bilhete aéreo para grupos. É semelhante ao TKT individual, com as mesmas especificações e conteúdo, mas utilizado apenas pelo guia. É usado com frequência em voos fretados, para embarque de todo o grupo, e acompanhado de uma listagem com os nomes dos passageiros incluídos no TKT master, com os respectivos códigos de documentação.

Atualmente o ticket mais utilizado é o e-ticket – ou passagem eletrônica –, cuja principal informação é o localizador pelo qual o atendente no check-in confirma todas as informações sobre o voo e o passageiro. É recebido por e-mail e impresso pelo cliente ou pela agência.

Questões para reflexão e debate

1) Quais são as principais funções do guia de turismo rodoviário?

2) Por que é importante conhecer a configuração dos veículos em que será realizada a viagem?

3) O que é *no show* e quais são os procedimentos que o guia deverá tomar se verificá-lo no início da viagem?

4) Elabore um speech inicial para um grupo de passageiros que fará uma excursão rodoviária de quinze dias. A saída será de

sua cidade, e o roteiro prevê visita às duas maiores cidades de seu estado ou às cidades turísticas mais importantes. O grupo é misto.

5) Escolha cinco ou mais atividades recreativas para serem propostas nessa viagem. Lembre-se de levar em conta a distância e o tempo de viagem necessários ao roteiro.

6) Por que é importante que o check-in na hotelaria seja feito de modo reservado entre a recepção e o guia de turismo?

7) Quais são as principais diferenças entre passeios incluídos, opcionais e obrigatórios?

8) Qual é a importância do relatório de viagem para a agência? Em que esse relatório pode beneficiar futuros turistas?

9) Quais são as principais diferenças de funções do guia acompanhante em uma viagem rodoviária e em uma aérea?

10) O que é reconfirmação de voo? Por que é importante fazê-la?

11) O que é ordem de serviço?

Psicologia e comunicação

Psicologia e dinâmicas de grupo

Para o bom desempenho de suas funções, um guia de turismo precisa ter conhecimentos básicos de psicologia e domínio de algumas dinâmicas de grupo. Essas informações o auxiliarão no dia a dia, para ter o domínio de situações conflitantes e promover uma maior integração entre os componentes do grupo.

No início do contato com um grupo, é bastante interessante a realização de atividades de integração que permitam que o guia identifique um pouco do perfil de cada componente, pois assim é possível verificar quem são as pessoas mais sociáveis, as mais tímidas, os líderes (positivos e negativos) e até mesmo o que incomoda cada um. No início da carreira, a análise do perfil do grupo pode parecer muito complexa para ser realizada com rapidez, mas com o tempo e a experiência adquirida essa verificação será feita de forma bem tranquila.

Em viagens de grupo, a figura do guia é, em essência, a de um líder, e a maioria dos turistas realmente espera (e muitas vezes cobra de maneira explícita) que o guia dê as orientações para que a viagem transcorra normalmente.

Aqui, faz-se necessário esclarecer que, apesar de a maior parte das viagens que utilizam o acompanhamento de guia de turismo ser feita por grupos de pessoas com motivação de lazer, isso não significa que todos os integrantes estejam felizes naquele instante. O momento de lazer é individual e não depende do guia ou dos demais integrantes do grupo; muitas vezes, embora tenha viajado para se divertir, o turista não consegue se desligar dos problemas e leva certo tempo para aproveitar a viagem na íntegra – alguns nem mesmo o fazem.

Existem também diversos casos de pessoas que viajam para tentar esquecer situações relativamente sérias pelas quais estejam passando, como separações familiares, doenças graves, falecimentos, perdas de emprego, etc. Nessas circunstâncias, o trato com esses indivíduos é particularmente difícil, pelo fato de estarem passando por momento de estresse pessoal muito grande.

Um dos fatores que dificultam o relacionamento dessas pessoas durante as viagens é que nem sempre elas têm consciência de que o que as está incomodando não são as brincadeiras ou os comentários do guia ou de outro membro do grupo, mas o fato de não conseguirem se desvencilhar dos problemas como gostariam. Uma aproximação cordial do guia, em que este tenta entender os motivos pelos quais a pessoa está tão resistente, pode ser uma boa maneira de amenizar a situação.

Também se deve levar em conta que, exceto em grupos fechados, em que todos se conhecem previamente, os integrantes do grupo são pessoas estranhas entre si, das quais não se possui nenhum referencial. O guia não conhece a índole dos passageiros nem as intenções de cada um, portanto, de forma muito velada, deve ser tomada uma série de atitudes e precauções para que, caso haja alguém de má-fé entre os integrantes, isso seja percebido com rapidez, e o comportamento negativo, neutralizado. Ocorrem ainda, embora não com frequência, casos de roubo, assédio, ciúme e até de violência entre membros de grupos de viagens.

Deve-se frisar que, em hipótese alguma, sob nenhum argumento, é permitido ao guia difamar, humilhar ou desmoralizar um passageiro perante o grupo, tentando torná-lo culpado (mesmo que o seja!) e fazendo com que o grupo se volte contra ele.[1] Qualquer atitude, procedimento ou conversa deve ser realizado de maneira discreta e particular e precisa ser descrito em relatório de viagem. Isso se aplica inclusive a casos extremos, que envolvam ação policial e/ou impliquem o afastamento de um membro do grupo.

Diferentes tipos de clientes e grupos

Existem características básicas que devem ser analisadas no comportamento de cada integrante do grupo, para que o guia possa se adaptar ao perfil dos clientes com quem está lidando. Uma série delas pode ser observada, como:[2]

- Se os membros se conhecem entre si.
- Se existe algum líder natural positivo (a ser incentivado) ou negativo (a ser neutralizado).
- Se há alguém que esteja desajustado e prefira se isolar e se afastar do grupo sempre que possível.
- Se os membros preferem se organizar sozinhos.
- Se esperam ser tratados como "reis" ou desejam mais liberdade.
- Se há algum passageiro "sabe-tudo", que disputa constantemente com o guia a obtenção e a disseminação de informações.
- Se alguém dá mostras de ser especialmente impontual.
- Se alguém demonstra que se perderá com facilidade.

---

[1]   Ver capítulo "Casos reais".

[2]   Carlos Picazo, *Asistencia y guia a grupos turísticos* (Madri: Sintesis, 1996), p. 239.

Além das características de cada um dos integrantes, o todo formado por eles também terá perfil de acordo com:

- A quantidade de pessoas (grupos pequenos, médios ou grandes).
- O perfil social (baixa, média e alta rendas ou mistas).
- A nacionalidade ou procedência regional (específica ou grupos mistos).
- A faixa etária (infantil, juvenil, adulta, terceira idade ou mista).
- A motivação (lazer, negócios, saúde, etc.).
- A heterogeneidade (em geral, grupos abertos, compostos de pessoas que não se conhecem antes da viagem) ou homogeneidade (normalmente, grupos fechados, formados por instituições, associações, escolas, clubes, etc., compostos de pessoas que já se conhecem ou possuem interesses comuns).

Cada um desses tipos de grupos necessitará de adaptações de procedimentos por parte do guia, para tornar a viagem mais agradável e facilitar a aceitação de sua liderança e orientações perante o grupo.

De maneira geral, podem-se sugerir algumas adaptações de procedimentos para orientar o início do trabalho do guia de turismo, mas elas servirão apenas como sugestões, pois cada grupo possui um perfil específico de comportamento, e, certamente, o guia que tentar levar à risca as orientações apresentadas a seguir, sem se importar em perceber algumas características próprias do grupo com o qual está lidando, estará fadado ao fracasso. As melhores formas de perceber o perfil dos clientes são a observação, a verificação e a comunicação direta.

Em relação ao tamanho do grupo, de forma geral, quanto menor este for, maior será a possibilidade de um contato mais pessoal entre guia e turistas, sem que isso cause constrangimentos com outros integrantes. Em grupos muito grandes, como não há condições de aproximação com todos os integrantes, uma maior aproximação do guia com alguns turistas, em particular, poderá causar desconforto, ressentimentos e "picuinhas" entre os demais.

Há questões culturais às quais o guia deverá estar atento no momento de transmitir informações técnicas. Será preciso observar se os turistas possuem conhecimento dos procedimentos relativos a uma viagem, como atenção aos horários, check-in e check-out, documentação, etc. Além disso, o guia deve ter cuidado com o vocabulário, de maneira que informações complexas sejam adaptadas para que todos as compreendam.

A origem dos integrantes de um grupo pode interferir no comportamento destes, principalmente quando a maioria for procedente de um mesmo local, bem distante do lugar visitado. Cada localidade tem costumes diferentes, o que dificulta um pouco a análise, mas isso pode ser particularmente difícil no que se refere à pontualidade (japoneses e europeus tendem a ser extremamente pontuais, enquanto brasileiros e demais latinos não), à alimentação (algumas culturas não consomem carne vermelha, de porco ou outros alimentos), à religiosidade e às tradições (judeus, muçulmanos e católicos têm crenças distintas, que podem se manifestar no comportamento), ao idioma, aos hábitos de higiene, etc.

Duas das classificações de grupo mais fáceis de serem analisadas são as relativas ao perfil de faixa etária e às motivações da viagem.

De maneira geral, o comportamento do guia pode ser descrito da seguinte forma:

Perfil por idade	Características de comportamento consideradas mais adequadas
Jovens	• Reforçar a autoridade sem ser autoritário. • Fazer piadas e brincadeiras relativamente intensas para conquistar o apoio dos integrantes. • Demonstrar firmeza, conhecimento e domínio da situação, mas passando poucas informações técnicas. • Utilizar linguagem mais fácil e informal. • Evitar rigidez em horários, exceto se for estritamente necessário. • Participar ativamente das atividades.
Adultos	• Mostrar profundidade de conhecimento ambiental, histórico ou social. • Pontualidade e certa firmeza em aspectos técnicos. • Brincadeiras e piadas devem ser bem selecionadas.
Terceira idade	• Mostrar profundidade de conhecimentos, mas dar espaço a comentários e contribuições de integrantes do grupo. • Formalidade de tratamento, porém, ao mesmo tempo, demonstração de proximidade emocional e interesse pelos aspectos pessoais. • Pontualidade e certa firmeza em aspectos técnicos, sempre com proximidade emocional e apoio em caso de necessidades.

Perfil por motivação	Características de comportamento consideradas mais adequadas
Negócios ou eventos	• Formalidade e polidez no tratamento, sem proximidade emocional. • Pontualidade e firmeza em aspectos técnicos. • Bom humor demonstrado de forma suave, com poucas piadas ou brincadeiras.
Lazer	• Pontualidade, mas flexibilidade em alguns aspectos técnicos. • Bom humor, brincadeiras e piadas fazem parte do passeio. • Linguagem mais informal e pouco técnica.
Cultura	• Mostrar profundidade de conhecimento ambiental, histórico ou social. • Pontualidade, mas flexibilidade em alguns aspectos técnicos. • Bom humor, mas poucas brincadeiras ou piadas.

Todas as informações apresentadas referem-se a casos de grupos homogêneos. Quando heterogêneos, existem inúmeras possibilidades de combinações de perfis, tanto para grupos quanto para turistas individuais, portanto, os guias devem analisar cada caso e ficar muito atentos caso o grupo não tenha as características consideradas comuns àquele perfil.

Formas de comunicação

Existem várias maneiras pelas quais a comunicação humana pode ocorrer. Para que um processo de comunicação obtenha sucesso, independentemente da forma utilizada, é fundamental que existam diversos fatores que atuem de modo adequado. Esses componentes são: emissor, receptor, mensagem e meio.

Emissor é aquele que emite a mensagem; receptor é aquele que a recebe, a decodifica e a interpreta; mensagem é tudo o que se quer transmitir (emoções, informações, sentimentos, etc.); meio é por onde a mensagem é transmitida e propagada.

Esses meios, também conhecidos como canais, podem ser escritos (desenhos, palavras escritas, símbolos), verbais (sons, músicas, palavras faladas, expressões) ou corporais (gestos, feições, movimentos). Apesar de a maioria das pessoas pensar que utiliza em seus processos comunicativos apenas um meio por vez, na realidade os meios de comunicação não são excludentes, mas complementares, sendo comum utilizarmos mais de um ao mesmo tempo em nossa comunicação.

No caso específico do exercício de suas funções, um guia utiliza-se dos três meios de comunicação – escrito, verbal e corporal. Como uma das principais tarefas de um guia de turismo é transmitir informações, pode-se afirmar que uma de suas funções-chave seja comunicar-se de forma eficiente.

Apesar de importante (tendo-se em vista que não é possível aceitar guias de turismo que cometam erros ortográficos graves), o domínio da comunicação escrita não é um dos requisitos fundamentais ao desenvolvimento das funções.

Em contrapartida, as formas de comunicação verbal e corporal/ não verbal são essenciais ao trabalho do guia, sendo praticamente impossível a boa realização das funções sem esse domínio.

A comunicação verbal é aquela feita por meio de palavras e de sons emitidos. De maneira geral, é realizada de forma aberta e consciente. No caso do guia de turismo, existe um texto a ser estudado e informações a serem conhecidas, as quais devem ser repassadas verbalmente aos turistas; isso exige que o profissional, entre outras coisas, domine com precisão o idioma com o qual irá se comunicar.

Não é necessário que o vocabulário usado seja formal ou rebuscado, tendo-se em vista que se deve, como já foi explicado neste capítulo, adaptar o tipo de linguagem às características de cada grupo. No entanto, devem-se tomar certos cuidados nessa adaptação, pois isso não dá ao guia o direito de cometer erros grosseiros de linguagem (como dizer "menas", "pobremas", etc.) ou de conjugação ou concordância como pretexto de adaptação ao perfil do grupo.

Ainda existem atuantes em diversos destinos turísticos, guias de turismo com baixíssima qualificação, cujo domínio da comunicação formal é sofrível. O mercado turístico, entretanto, está cada dia mais seletivo e aceita cada vez menos profissionais que cometam erros grosseiros de linguagem.

A comunicação verbal não inclui apenas o domínio do idioma que será utilizado no processo, mas leva em conta também o tom de voz e a inflexão dada às palavras, ou seja, a forma e a maneira como são ditas indicam uma série de sentimentos e intenções, como raiva, ironia, surpresa, tristeza, confidência, desconfiança, dor, pressa, etc. Por essa razão, deve-se tomar bastante cuidado com ambos os itens (tom de voz e inflexão), pois muitas vezes a maneira como algumas expressões são ditas é mais importante do que as palavras em si.

Enquanto na comunicação verbal são utilizadas palavras e sons para se transmitir a mensagem, na comunicação não verbal esses meios não são usados.

A comunicação não verbal, quando consciente, é aquela que se utiliza de sinais, símbolos, gestos, entre outros, podendo ser realizada pelo próprio corpo ou por objetos a ele associados, especificamente escolhidos para transmitir a mensagem em determinado momento.

Mesmo sem nos darmos conta, praticamente todas as pessoas se utilizam desse tipo de comunicação em uma ou outra situação. É o caso de pessoas conversando em uma danceteria, cuja música é alta. Elas gesticulam e apontam para o relógio para indicar que está na hora de sair; jogos de mímica que envolvem adivinhação ou imitação de pessoas e personagens; quando estamos muito distantes para sermos ouvidos, gesticulamos; quando brincamos com bebês e fazemos caretas e imitações, ou ainda na linguagem de sinais usada para comunicação com deficientes auditivos. Essas são situações em que se utiliza de forma consciente a linguagem não verbal.

Todavia a maior parte da comunicação não verbal é feita de modo inconsciente (exceto no caso de pessoas com deficiência vocal ou auditiva). Quando é realizada de forma inconsciente, os significados são bem menos transparentes, mas nem por isso menos importantes. A comunicação não verbal é responsável pela formação das primeiras impressões (inconscientes), pela inspiração de confiança (ou não) e pode auxiliar na persuasão de uma compra, na tranquilização de pessoas sob tensão, na demonstração de empatia e compreensão, etc.

Com frequência, conflitos involuntários são provocados, pois as palavras tentam enviar uma mensagem enquanto o corpo teima em contradizê-las e expressar outra. Quantas vezes ouvimos alguém dizer "Está tudo bem!", com feição que não corresponde à frase, e pensamos "Ele está mentindo!"; quando alguém chega em casa e, sem dizer uma única palavra, consegue demonstrar que está muito irritado; ou ainda quando se percebe que alguém está nervoso, mesmo que não tenha dito nada, apenas pelo movimento das mãos ou pelo andar de um lado para o outro. "Não precisa dizer nada, pois já entendi tudo!" ou "Uma imagem diz mais do que mil palavras" são frases que representam muito bem o significado e a importância da linguagem não verbal.

Incluem-se na comunicação não verbal toda a postura corporal e gestos (mãos, braços, pernas, torção de dedos), movimento dos olhos e contato visual, expressão facial, etc.

Já existem diversos estudos que demonstram que é possível "decodificar" a comunicação não verbal para entender com mais clareza seus significados. No entanto, como na linguagem verbal, em que as palavras formam conjuntos para terem sentido, na linguagem não verbal os sinais também devem ser lidos em conjunto, nunca de maneira isolada. Além disso, sinais, cores, gestos (e seus significados), bem como o idioma, variam de acordo com as partes do mundo e com a cultura local.

Em boa parte do mundo ocidental, podem ser dados exemplos de significados de linguagem corporal, como mãos servindo de apoio ao rosto (demonstração de tédio ou desinteresse), braços cruzados na frente do corpo (demonstração de necessidade de se proteger, de não credibilidade ou aceitação do que o interlocutor está dizendo), virar-se de costas para alguém (demonstração de exclusão do outro), erguer a cabeça quando alguém chega ou algum evento acontece (demonstração de interesse e curiosidade), não erguer a cabeça para conversar ou para ver o que acontece (demonstração de desinteresse e indiferença), etc.

O conhecimento e a decodificação da comunicação não verbal e inconsciente podem beneficiar a relação entre pessoas em qualquer nível ou tipo de relacionamento. Na função de guia de turismo, profissão que lida ao mesmo tempo com várias pessoas desconhecidas e de culturas diversas, cujas principais atividades são relacionadas à resolução de conflitos, isso se torna ainda mais importante.

No que diz respeito ao guia, a comunicação não verbal deve ser dominada para acontecer em benefício do profissional. Para isso, alguns gestos precisam ser bem pensados. Por exemplo, o guia deve olhar para todos os passageiros enquanto faz uma explanação, para não denotar predileção por (ou exclusão de) alguns; aproximar-se dos turistas e conversar com eles demonstra interesse por suas necessidades; o guia também deve dar espaço para que falem e parar para ouvir suas afirmações e perguntas; cuidar do tom e da inflexão de voz quando responder a alguma pergunta ou fizer comentários, para que eles não transpareçam irritação ou deboche; cuidar do riso fora de hora ou olhar e comportamento de impaciência, entre outros.

Todo processo de comunicação, entretanto, é bidirecional, ou seja, precisa de retroalimentação para obter sucesso. Um emissor precisa perceber em seu público determinada reação para continuar a emissão de sua mensagem. Essa reação pode vir em forma de olhar direto, aquiescência, sorriso, conversas paralelas, silêncio, olhar pela janela, etc. Até mesmo a falta de reação ao que foi dito é um modo de reação que demonstra indiferença à mensagem enviada anteriormente, o que sugere que se deve modificar algo no processo de comunicação. De acordo com a reação, o emissor decide se deve continuar ou não o envio da mensagem, mudar ou não o conteúdo, o meio ou a linguagem. Essas modificações são feitas para corrigir possíveis desvios na comunicação e torná-la mais eficaz.

Portanto, perceber e interpretar corretamente os sinais não verbais podem facilitar muito o trabalho do guia, para que ele possa saber se está ou não sendo bem-aceito pelo grupo (e assim poder continuar ou modificar seu padrão de comportamento), o que pode fazer a diferença entre o sucesso e um grande incômodo em uma viagem.

Outro fator do qual se deve cuidar muito bem é a aparência (que está incluída na comunicação não verbal), como vestimentas adequadas ao local e à função, cabelos arrumados, barba feita, unhas limpas e higiene pessoal.

É importante lembrar que compreender e dominar a linguagem não verbal não significa utilizá-la para manipular seu interlocutor, mas

134 | Guia de turismo: o profissional e a profissão

fazer uso do conhecimento dessa área de comunicação com certeza tornará as transações com as demais pessoas mais fáceis e eficientes.

Fundamentos da comunicação

Como já foi exposto, para que a comunicação se dê, é preciso que existam ao menos um emissor, um receptor e um meio para que a mensagem seja propagada. O entrosamento perfeito entre os componentes é o que determina a eficácia do processo de comunicação.

No caso específico da atividade turística, a necessidade de entrosamento dos componentes é ainda mais importante, tendo-se em vista que, em essência, essa atividade é um serviço e não um produto, não podendo ser trocada se apresentar falhas. Sua produção se dá no mesmo instante em que acontece seu consumo. Essas características fazem com que os problemas, uma vez ocorridos, precisem ser resolvidos imediatamente.

Uma viagem não é feita por um único componente, mas pela organização de diversos componentes do setor turístico, como agências de turismo, operadoras, companhias aéreas, transportadoras rodoviárias, hotéis, restaurantes, museus, parques de diversão, estabelecimentos comerciais, etc. A atividade é organizada em forma de um complexo sistema, em que cada uma das partes interfere diretamente na atividade das outras. Desse modo, um processo de comunicação eficiente e o perfeito entendimento entre as partes são fundamentais para que uma viagem transcorra sem dificuldades.

Por incrível que pareça, a maioria dos problemas ocorridos durante uma viagem não é decorrente de erros operacionais, mas de falhas na comunicação entre dois ou mais componentes do setor, como agentes de viagem e hotéis, operadoras e restaurantes, guias de turismo e motoristas ou, até mesmo, entre guia e turistas.

A maioria dos problemas na comunicação é conhecida como "ruídos", pois interferem no entendimento do que está querendo ser comunicado. De acordo com Teixeira,[3] para evitar que esses ruídos ocorram, devem ser seguidos oito princípios básicos da comunicação, a saber: clareza, coerência, adequação, oportunidade, distribuição, essenciali-dade, interesse e aceitação.

Os princípios são os mesmos para qualquer tipo de comunicação existente e são válidos, inclusive, para a comunicação corporativa, ou seja, entre pessoas jurídicas. Os casos usados para exemplificar cada um dos princípios são reais e, embora tenham vínculo com os diversos setores do trade turístico, abordam com mais ênfase o trabalho do guia de turismo ou questões que, de uma forma ou de outra, chegaram às mãos dele, uma vez que esse é o assunto principal deste livro.

Clareza. A mensagem deve ser clara. Ao elaborá-la, devem-se evi-tar ao máximo confusões ou dúvidas entre emissor e receptor. Não deve haver espaço para situações "implícitas" ou mensagens "dúbias".

No caso do guia de turismo, este deve procurar dizer o que pre-cisa ser dito da maneira mais clara e simples possível, deixando que o cliente perceba exatamente o que quer transmitir. Deixar claro o local do encontro, o horário, o custo do passeio ou o vestuário mais indicado é de fundamental importância para que uma viagem transcorra sem dificuldades.

Muitas vezes, a correria do dia a dia faz com que o guia não seja claro em relação a alguns procedimentos básicos, como horários, do-cumentação ou programação, acreditando que aquilo estava "suben-tendido" ou "implícito" (como deixar de lembrar os turistas de levar protetor solar, chapéu e óculos de sol para um passeio à praia. Para alguns, isso pode ser óbvio, mas, como essa não é a rotina dos pas-sageiros, tais necessidades podem ser esquecidas, e tal esquecimento pode causar transtornos no decorrer do passeio).

---

[3] Elder Lins Teixeira, *Gestão da qualidade em destinos turísticos* (Rio de Janeiro: Qualitymark, 1999), p. 25.

É importante que absolutamente todas as informações necessárias sobre um passeio sejam transmitidas de forma clara (material necessário, vestimentas e calçados mais apropriados, horário previsto, atrativos a serem visitados, perfil de quem mais gostará do passeio, etc.).

A falta de clareza ou confusão entre essas informações pode tornar o passeio desagradável ou ainda, em alguns casos, tornar o turista dependente do guia. Ao profissional, em um primeiro momento, pode ser interessante "ter todo o grupo em suas mãos", mas com certeza o resultado da viagem não será satisfatório para ambas as partes, tendo-se em vista que os turistas não aproveitarão a viagem como poderiam e o guia ficará sobrecarregado.

Em certas ocasiões, será necessário que o guia enfrente algumas situações desagradáveis e precise transmitir informações indesejáveis aos turistas. Nesses momentos, não adianta tentar omitir ou minimizar o problema passando informações contraditórias, como: pode ser que...; talvez possamos conseguir...; quem sabe se chegarmos mais cedo possamos...; darei um jeito... Essas saídas podem aliviar o problema no momento (principalmente com clientes muito alterados), mas, no fim, atrapalham ainda mais a situação.

Quando da marcação de horários e de pontos de encontro, o guia deve ser específico quanto à hora e ao local exato de reencontro, inclusive dando como indicação um ponto de referência. Nunca se deve dizer: *daqui a pouco* nos encontraremos; *logo após* o jogo sairemos; saída *entre* 5 h e 5h30; daqui a *mais ou menos* meia hora; vamos nos encontrar *na estação do metrô* (vago). A maneira mais correta será informar a expectativa de demora em minutos (pode ser aproximada) ou marcar: vamos nos encontrar às 5h15 em frente à placa tal, na esquina X com Y – isso evitará desencontros e problemas de relacionamento com os turistas.

Coerência. As palavras devem ser coerentes não apenas entre si, mas também em relação aos atos, às atitudes e aos gestos do emissor.

Por exemplo, gritar para pedir silêncio; esbravejar com um passageiro por causa de atraso, mas em seguida permitir sorrindo que outro saia para buscar algo pessoal; dizer não a um e sim a outro diante da mesma solicitação; falar sobre respeito à cultura e aos costumes locais e logo depois fazer piadas sobre o assunto (lembrar que isso também é antiético) são exemplos de mensagens incoerentes.

Assim, a comunicação do guia com os passageiros deverá propiciar o mínimo de incoerências possível. Para isso, o profissional precisará conhecer e dominar, de preferência, a comunicação não verbal, para que suas mensagens verbais estejam de acordo com as não verbais, o que evitará incoerências.

Adequação. A informação precisa estar adequada à capacidade de entendimento do receptor. Se necessário, devem ser feitas adaptações para que a mensagem seja transmitida da forma mais conveniente possível.

No caso do guia de turismo, sua linguagem deve se adequar ao grupo. Gírias, termos formais ou técnicos podem ser usados apenas se os turistas tiverem capacidade de entendê-los. Guias que trabalham com grupos específicos, como terceira idade, jovens, estrangeiros ou visitas altamente técnicas, devem ter cuidado redobrado.

O "turismês" é uma língua muito difícil de ser entendida por pessoas que não fazem parte do trade turístico ou não viajam com frequência. Assim, ao dar explicações ou descrever um problema, não adianta usar frases como: "Sinto muito, senhor, não poderemos fazer o check-in nesse voo, pois estamos com overbooking"; "Não se preocupe, seu receptivo local e o transfer já foram avisados do atraso, e, para que não seja configurado o *no show*, informamos também o hotel do late check-in"; "Como a tarifa de seu tkt é Delta promocional, a emissão permite endosso. Iremos endossar seu tkt para outra companhia. Já o coloquei no waiting list das companhias A e B com os demais PAX. Por favor, aguarde que em breve o contataremos".

Será que os turistas conseguiram entender? É bem provável que não. Ficaram confusos, inseguros, e toda a explicação pode ter sido em vão.

O turista não tem obrigação de conhecer os termos técnicos usados no dia a dia turístico, portanto, havendo necessidade de usá-los, deve-se sempre procurar explicá-los, certificando-se de que a mensagem foi recebida e compreendida com sucesso.

A adequação também pode ser compreendida em relação aos aspectos culturais específicos existentes em alguns grupos. Um exemplo real que ilustra esse caso ocorreu na recepção de um grupo de estrangeiros em uma visita à Bahia. O guia discorria animadamente sobre a história do Brasil; o city tour incluía os primeiros anos de colonização, com datas, nomes e detalhes históricos complexos. Após uma longa explicação, o guia perguntou ao grupo se havia alguma dúvida ou alguma questão que quisessem fazer. A primeira pergunta feita mostrou a ele que os turistas não tinham entendido quase nada: "Quem descobriu e colonizou o Brasil?", perguntou um turista. Naquele instante, o guia percebeu que havia cometido um grande erro. Havia simplesmente traduzido o texto e as informações do city tour, do português para o inglês, mas não havia alterado em nada o conteúdo totalmente direcionado aos brasileiros. Para os brasileiros, não havia necessidade de informar quem descobrira e colonizara o Brasil, mas a informação era necessária aos estrangeiros! A mensagem não estava adequada ao destinatário, e, em consequência disso, a maior parte das informações passadas até aquele instante se perdeu e não surtiu nenhum efeito.

Oportunidade. Existe um momento oportuno para que as mensagens sejam transmitidas. Caso esse procedimento não seja observado, corre-se o risco de o conteúdo ou a mensagem como um todo se perder, não ser absorvido(a), ser abandonado(a) e esquecido(a). Fazendo uma analogia: a leitura de um manual de instruções de um aparelho eletrônico recém-adquirido só é válida se for feita no instante em que tentamos manusear o aparelho e entender suas funções. Levá-lo consigo em uma viagem e lê-lo na praia provavelmente não surtirá nenhum efeito, pois, ao tentar se lembrar dos comandos na semana seguinte, é bem possível que o leitor tenha que consultar novamente o manual.

No caso do turismo, de nada adiantará ao guia tentar transmitir as informações e os procedimentos sobre o check-in no hotel se o grupo estiver a caminho da praia, ou informar o horário de saída do passeio do dia seguinte no início daquele do dia anterior, ou passar informações e detalhes sobre a arquitetura de uma catedral maravilhosa se ainda não for possível visualizá-la.

Existe um momento oportuno para que cada informação seja transmitida. Nele, a mensagem tem muito mais chance de ser compreendida e guardada pelos turistas.

Uma mensagem passada ao turista poucos instantes antes da chegada a um local deixa o cliente mais seguro. As informações recebidas causam sensação de familiaridade com o lugar, mesmo que este seja desconhecido para ele.

Distribuição. A mensagem deve ser transmitida de modo a chegar igual e preferencialmente ao mesmo tempo a todos os destinatários. O emissor é o responsável por sua distribuição e não deve (nem pode) passar essa responsabilidade ao receptor. Esperar que o receptor reclame de que não está recebendo a mensagem de forma adequada é uma grande falha (apesar de bastante comum), pois muitas vezes o receptor não reclama, tendo-se em vista que nem sabe que havia alguma mensagem sendo transmitida.

No caso do guia, este deve cuidar para que todos os integrantes do grupo sejam realmente informados sobre os procedimentos necessários. Em algumas circunstâncias, o som do ônibus não está muito bem regulado, o que faz com que as pessoas que estejam em determinados lugares (como em poltronas no fundo do veículo) não ouçam ou não entendam o que está sendo dito. Pode ocorrer também de uma informação ser passada em um momento em que ainda faltem passageiros para embarcar. Isso pode causar grandes confusões, pois parte do grupo poderá perder o passeio ou tomar atitudes erradas porque não foi informada de maneira adequada.

Outra conduta que deve ser evitada é deixar a terceiros a responsabilidade pela distribuição da mensagem (recepcionistas, atendentes ou outros passageiros). Recados deixados com o(a) recepcionista do hotel ou com um turista para entregar a outro são, em geral, causadores de enormes transtornos. Na maioria dos casos, a mensagem não chega ao destinatário ou, se chega, é recebida com atraso ou deturpada. A brincadeira infantil de telefone sem fio ilustra bem o que pode ocorrer nessas circunstâncias, mostrando que de maneira geral não é possível detectar em que instante a mensagem deixou de ser distribuída de maneira correta.

Essencialidade. O conteúdo da mensagem deve conter apenas o volume de informações essenciais à obtenção do efeito desejado. O excesso delas é cansativo e confunde o receptor.

O guia deve ter amplo conhecimento geral e também conhecimento específico a respeito dos atrativos e locais visitados, porém, em passeios comuns, a quantidade de informações transmitida deverá ser dosada a fim de que seja apenas suficiente para despertar o interesse dos turistas por determinado lugar ou atrativo.

O profissional não deve se deter exaustivamente em certos assuntos nem esmiuçar todos os detalhes que conhece, pois isso poderá cansar a maioria dos membros do grupo, fazendo com que percam o interesse.

Alguns turistas farão perguntas interessantes; por isso, é sempre bom ter informações complementares para poder responder a elas. Se for solicitada por alguém, ainda poderá ser feita pelo guia uma explanação detalhada separadamente.

Interesse e aceitação. A mensagem transmitida deve despertar o interesse e a aceitação do receptor, pois, caso contrário, o receptor pode "descartá-la", classificando-a como inútil e supérflua.

Cada segmento de demanda possui um tipo de interesse específico, cujo conhecimento facilita muito o trabalho do guia. Em geral, grupos de jovens não têm muita paciência para ouvir longas exposições sobre aspectos históricos e arquitetônicos de certa localidade, enquanto grupos formados exclusivamente por adultos tendem a possuir maior interesse nessas informações.

Para despertar o interesse dos jovens, o guia pode mesclar dados históricos com gincanas, brincadeiras e alguns casos populares ou diminuir a complexidade e a quantidade de informações a serem passadas, conseguindo, com isso, o interesse dos integrantes do grupo jovem e tornando a viagem bem mais agradável.

Uma descrição como "Fulano de tal nasceu em 1800, morou até 1818 nesta cidade e a ela retornou em 1845, falecendo em 1890, pouco antes de receber o prêmio Nobel", provavelmente não despertará nenhum interesse na maior parte do público, porém, se a informação for passada de maneira mais elaborada e detalhada, como "Fulano de tal, famoso professor de..., nasceu em 1800 nesta cidade e aqui viveu até completar 18 anos. Em seguida, mudou-se para a cidade grande em busca de sucesso, voltando à sua terra natal apenas aos 45 anos, casado e pai de dois filhos. Viveu tranquilamente aqui e faleceu aos 90 anos, após receber a notícia de sua indicação ao prêmio Nobel", aí, sim, ela terá maior chance de despertar interesse.

Em grupos específicos que estão em busca de descanso físico, atividades corporais intensas marcadas logo pela manhã podem causar grande desconforto e irritação em determinados passageiros. A aceitação da autoridade do guia será muito facilitada se as informações transmitidas, o oferecimento dos passeios e boa parte dos aspectos operacionais estiverem de acordo com os interesses principais desse tipo de grupo.

Também é preciso cuidar para que o tom de voz utilizado desperte o interesse do público, variando-se as entonações de tempos em tempos. Falas sem pausa e que não variam de entonação são monótonas e causam sono nos turistas, que perderão rápido o interesse pelo que está sendo passado.

Como estruturar as explicações

Há várias maneiras de estruturar as explicações a serem transmitidas pelo guia de turismo. Não existe forma determinada considerada a mais correta, portanto, cada profissional deverá escolher e verificar qual das maneiras é a mais adequada às suas características pessoais, bem como aquela que se adapta às características de cada grupo.

É ilusão o guia achar que sabe tudo a respeito de determinado local a ser visitado. Bons profissionais preparam-se sempre antes de se apresentar em público, quer sejam atores no palco, professores em salas de aula, palestrantes nas apresentações, quer sejam políticos nos discursos. Por causa disso, o guia que quiser oferecer serviço de boa qualidade precisa realizar pesquisas com frequência para aumentar seu banco de dados, aprofundar seus conhecimentos e preparar-se para a viagem.

As explicações a serem dadas deverão conter informações pertinentes aos locais visitados, conforme os ajustes necessários ao perfil do grupo. Sempre que possível, é interessante iniciar as explanações seguindo a ordem cronológica dos fatos (em casos de locais históricos) ou, pelo menos, passando informações que permitam ao turista situar aquele local ou atrativo em um contexto maior (cultura do país, distância de certa capital, fauna regional, etc.). Estruturar as informações é como organizar e narrar uma história, uma vez que as informações precisam de enredo e sequência para que sua lógica possa ser percebida.

Não se deve economizar nas informações. Explicações muito curtas e sem detalhes dão a sensação de vazio e, quando em visita a atrativos, acaba sobrando tempo na visita ao local.

Da mesma maneira, explicações que sejam meras legendas do que está sendo visualizado pela janela do ônibus devem ser evitadas. Ou seja, em hipótese alguma o guia deverá passar informações do tipo: à direita estamos passando pelo prédio X, à esquerda podemos ver o monumento Y, essa é a avenida A, etc., sem que nada seja acrescentado a esses locais. As explanações precisam, sim, mostrar o que está sendo visto pelos turistas, mas, se não contiverem informações de base e com conteúdo, quase todas se perderão ao longo do passeio.

Também não se pode exagerar na quantidade de informações transmitidas, pois explicações extensas, quando em rota, continuam muito tempo depois de o atrativo ter sido perdido de vista; quando em visita ao local, cansam o turista, que já não quer mais saber de tantos detalhes considerados inúteis.

As explicações deverão durar o tempo necessário para que seja feita a visitação ou visualização do atrativo ou do local, portanto, o maior desafio do guia é conseguir dosar, na medida certa, a quantidade e o tipo de informação a serem passados de acordo com o perfil do grupo.

O guia pode carregar consigo algumas anotações em um caderno, bloco ou tablet. Isso serve principalmente para viagens rodoviárias longas, em que há grande quantidade de informações, localidades a serem visitadas ou procedimentos a serem tomados. As anotações auxiliam o guia a não esquecer nada importante.

Independentemente da forma, a consulta a essas anotações deve ser feita sem que nenhum passageiro veja ou perceba sua utilização. No caso de os passageiros perceberem que o guia está "colando" os procedimentos e as informações passadas, este perderá muito a confiança de seus passageiros, bem como sua autoridade perante o grupo.

Esquemas básicos

A forma como cada guia organiza suas anotações é particular, e não existe certo ou errado nesse item. Todavia há duas maneiras básicas de organização: em forma de esquema ou como texto organizado.

- Esquema: nessa forma, colocam-se algumas palavras-chave que garantam que as principais informações a respeito de determinada rota, destino ou atrativo estão sendo transmitidas. É como um professor que coloca na lousa apenas os tópicos que comentará, para não perder o fio da meada. Uma das vantagens desse sistema é que ocupa pouco espaço e permite que a "cola" seja feita de modo rápido e discreto, até mesmo em um atrativo. Por exemplo:

  - Ouro Preto;

  - Organização das Nações Unidas para a Educação, a Ciência e a Cultura (Unesco), Patrimônio Cultural da Humanidade, 1980;

  - Colonial, ruas estreitas, ladeiras;

  - Passeios a pé, piso irregular – calçados e roupas confortáveis.

- Texto organizado: nessa forma, escreve-se o texto da maneira como ele será transmitido aos passageiros. A vantagem do texto organizado é que exige pouco do guia de turismo, mas é necessário que ele "saiba ler", isto é, que saiba dar a entonação correta ao texto, sem deixar que os passageiros percebam que ele o está lendo. É preciso contato prévio com o texto. A desvantagem é que exige privacidade para a leitura, ou seja, exige que o veículo utilizado tenha assento para o guia ao lado do motorista, com cortina ou painel fechado. Dificilmente esse método pode ser usado em atrativos. Por exemplo: "Estamos chegando à cidade de Ouro Preto, reconhecida pela Unesco como Patrimônio Cultural da Humanidade em 1980. Por se tratar de uma cidade do período colonial e de estar situada em local montanhoso, possui ruas estreitas e muitas ladeiras. A maioria dessas ruas e ladeiras não permite o acesso de ônibus de turismo, portanto boa parte dos passeios na cidade deve ser feita a pé. O calçamento também foi preservado como parte do patrimônio e, por ser do período colonial, é bastante irregular. Por esses motivos, é interessante que amanhã todos estejam com roupas e calçados bem confortáveis, para caminhar durante nosso passeio pela cidade".

Vale lembrar que, independentemente do tipo ou do método de estruturação usado, a organização das anotações é muito importante. É preferível que cada passeio ou dia de viagem esteja em uma página separada, para evitar confusões.

Também se deve levar em conta que as anotações serão checadas muitas vezes no ônibus em movimento, portanto, procure tê-las digitadas com fontes grandes (14 ou 16) ou, se forem a mão, com letra bastante legível, grande e de fôrma, de preferência, evitando abreviações. Meios digitais, como tablets e smartphones, podem facilitar muito nesse caso, uma vez que o texto pode ser ampliado e facilmente consultado, conforme a necessidade.

Local de apresentação

Além da organização da explicação em si, devem-se levar em consideração alguns itens referentes ao local onde ela será realizada. Por causa dos mais diferentes tipos de passeios e ambientações existentes, as explanações podem ser feitas em áreas abertas ou fechadas, o que altera muito a forma de realizá-las.

Em áreas abertas, é importante cuidar para que a distância dos turistas durante a explicação não seja muito grande. Esse ajuste é necessário para que seja possível a todos ouvir o que está sendo passado. Usar o tom de voz apropriado ao espaço existente, aumentando-o de acordo com o tamanho do ambiente, também é importante. No entanto, não se deve gritar, pois isso causa desconforto ao turista (principalmente nos que estão mais próximos ao guia), além de problemas vocais ao profissional. Atualmente é bastante comum encontrar guias utilizando amplificadores de som portáteis ou sistemas de rádio-guia com utilização de microfone de lapela e fones de ouvido individuais.

Em locais onde haja ruídos altos, o ideal é diminuir ao máximo as informações transmitidas, dizendo-se apenas o essencial, e fazer pausas até um ruído específico cessar, como sons produzidos por aviões, ônibus, buzinas, carros de som, etc. Não tente competir com esses ruídos, pois eles sempre vencerão!

Em épocas de calor ou frio intenso (como o inverno onde houver neve), deve-se transmitir a maior quantidade possível de informações no interior do ônibus, com ar-condicionado, ou em locais fechados, e deixar apenas o essencial para ser passado ao ar livre – isso minimiza o desconforto dos turistas e permite que a programação siga normalmente.

Áreas fechadas são locais mais fáceis de trabalhar. As privativas ao grupo (como ônibus, escunas, salões de hotéis, etc.) são os locais ideais para transmitir todas as informações pertinentes; aproveite ao máximo esses momentos para ter certeza de que todos receberam as mensagens que precisavam ser passadas.

Já em áreas fechadas comuns a mais de um grupo, a maior preocupação está em manter o grupo unido. Desse modo, o guia não necessita alterar muito o tom de voz, para que não atrapalhe outros grupos ou pessoas. Em áreas de acesso restrito, como igrejas, templos, museus, teatros e casas de espetáculos, quando o guia não possuir sistema de rádio-guia, deve-se fazer toda a explanação de preferência antes de entrar no local/atrativo. Assim, os turistas já terão as informações ao entrarem no local e não será preciso falar no interior desses ambientes, o que poderia interromper e incomodar pessoas que porventura estejam rezando, apreciando um espetáculo ou obra de arte.

A exceção se dá quando se trata de guia especializado no atrativo e quando o local possui estrutura adaptada ao recebimento de turistas.

Independentemente do local de apresentação, o guia de turismo nunca deve fazer a narração das informações caminhando em direção a um local. Enquanto caminha, poucos serão os turistas que ouvirão o que o profissional está explicando, o que causa grande desconforto aos visitantes e também ao guia, pois, em alguns casos, ele será obrigado a repetir todas as explanações feitas quando o restante do grupo chegar. Para evitar esse problema, deve-se caminhar até algum ponto específico (se possível, lugares um pouco acima do nível da rua, principalmente para guias de baixa estatura) e aguardar que o grupo chegue, para então se iniciar a explanação. Essas paradas, realizadas com certa frequência, também evitam a dispersão dos passageiros e auxiliam a união e o controle do grupo pelo guia, bem como permitem a ele verificar se algum dos passageiros se perdeu ou se atrasou em demasia.

Informações importantes a serem passadas

Em relação à localidade ou aos locais visitados

Em decorrência da grande diversidade de programações turísticas, as informações a serem transmitidas variam de acordo com as características de cada uma delas. De qualquer modo, a simples transmissão de informações de forma correta e coerente minimiza os impactos que o turismo causa na localidade, independentemente do tipo de turismo realizado. Um bom guia pode, muitas vezes, fazer com que os turistas percebam a importância da preservação (ambiental, cultural ou patrimonial) e do respeito ao local visitado.

A ordenação das explicações é feita por cada profissional, conforme a localidade visitada. Não existe ordem definida como a mais correta, apesar de muitas informações terem de ser obrigatoriamente passadas em um primeiro momento, e outras, no fim. É importante ressaltar também que algumas informações, principalmente aquelas que podem causar certo tipo de desconfiança, devem vir precedidas das respectivas fontes de obtenção.

Em cada contexto, as principais informações a serem transmitidas no que diz respeito à localidade são:

- Como se estrutura socialmente a localidade visitada, as tribos, as cooperativas, as comunidades, etc.

- História do local e seu desenrolar até os dias atuais. Como se formou aquela determinada sociedade, a imigração, os quilombos, as aldeias indígenas, os jesuítas e outros, e como ela se desenvolveu até os dias de hoje. Não se deve contar a história local de forma estanque, pois os turistas precisam entender os vínculos desta com a atualidade para que a explanação tenha contexto.

- Importância regional, estadual, nacional (ou mundial) – atual ou passada – da localidade visitada.

- Hábitos e costumes relevantes.

- Nomes e personalidades famosos.

- Curiosidades, lendas, "causos" e histórias locais. Em geral, esse item é o que exerce maior atração e desperta interesse na maioria dos turistas.

- De que maneira os moradores recebem os turistas, como sentem a atividade turística no local.

- Como os turistas deverão agir para serem mais bem tratados e também para causarem menor impacto na comunidade local.

- Produtos artesanais ou típicos: quais são, sua história e onde é melhor comprá-los (preço e qualidade), levando-se sempre em conta as necessidades e os interesses dos turistas, não a comissão oferecida ao guia!

- Gastronomia: informações sobre comidas e bebidas típicas, quais são, o que são e os cuidados com sua ingestão (se existirem), bem como a indicação de lugares onde consumi-las, se houver tempo na visitação. (O mesmo sobre comissionamento se aplica nesse caso.)

- Números e estatísticas referentes à população, à economia, à agricultura, à produção industrial, aos turistas na temporada, etc.

- Clima e cuidados relacionados ao turista (protetor solar, casacos, chapéus, gorros, etc.).

- Características específicas de fauna e flora.

- Geografia e aspectos importantes do relevo e da paisagem, bem como da formação geológica (quando houver item de interesse).

- Centros de compras e horário comercial.

- Localização e fuso horário (quando houver) em relação ao polo emissor.

- Estruturação turística (informações sobre hotéis, agências, transporte público, tipos de passeios, etc.).

- Principais atrativos existentes (não especificá-los; apenas falar da sua existência para despertar o interesse dos turistas nos passeios a serem realizados posteriormente).

- Horários de visitação aos principais atrativos, horário bancário e horário em que a cidade pode ser visitada sem perigos.

- Locais para troca de moedas (câmbio).

- Vestimentas ideais para circulação na cidade.

Em caso de atrativos, podem-se acrescentar informações sobre:

- Permissão ou proibição de máquinas fotográficas, câmeras de vídeo, velas, vestimenta adequada, etc.

Existência e localização de sanitários, guarda-volumes, lanchonetes, lojas de suvenires, sistema de segurança (quando houver).

Ponto de encontro para o caso de algum passageiro se perder do grupo.

Em relação à programação

No que se refere à programação, é importante transmitir aos passageiros todas as informações que possam vir a ser necessárias ao bom aproveitamento da viagem. É preferível pecar pelo excesso de dados a pecar pela falta deles. Não economize nas informações, mas também tome cuidado para não passar aquelas que amarrem a programação, tirando do guia o poder de tomar providências alternativas em caso de imprevistos.[4]

Os principais itens a serem mencionados são:

- Informações sobre o trajeto, como distância a ser percorrida, tempo de percurso aproximado, tempo e local previstos para a parada seguinte.

- Meio de transporte utilizado.

- Horário de saída e horário previsto de retorno.

- Procedimentos em caso de atrasos e tolerância máxima.

- Equipamentos necessários ao programa (calçados apropriados, roupas de banho ou mais formais, protetor solar, toalhas, repelentes, dinheiro, etc.).

- O que está ou não incluído no pacote ou passeio (refeições, bebidas, entradas em museus, etc.).

---

[4] Toda viagem está sujeita a imprevistos, como atrasos de passageiros, trânsito carregado, problemas climáticos, etc. As informações passadas aos clientes precisam deixar claro que serão tomadas providências alternativas se ocorrer algum desses problemas e que isso não poderá ser configurado como "não cumprimento da programação".

- Quais são e o que são passeios ou visitas opcionais.

- Paradas técnicas – onde serão, tempo e motivo da parada.

É preciso esclarecer sempre todas as dúvidas dos turistas relacionadas aos produtos adquiridos, mas, apesar disso, deve-se evitar supervalorizá-los. É importante que as informações transmitidas sejam reais, para que a expectativa criada pelo turista não seja maior do que sua possibilidade de percepção, permitindo-se que haja a devida satisfação pelo produto comprado e evitando-se possível frustração.

Muitas vezes, por causa da grande vontade de vender passeios opcionais, os guias de turismo acabam "dourando demais o produto", vendendo algo que não poderá ser obtido. Consegue-se a venda do passeio, mas, quando este se realiza, perde-se a confiança do turista em relação às futuras indicações do guia. Conforme já mencionado, não se devem criar expectativas nos turistas, as quais não possam ser cumpridas. O que a curto prazo pode parecer proveitoso, no fim se mostrará uma atitude absolutamente contraproducente, podendo ser até menos lucrativo do que a não venda do passeio.

O que não deve ser dito

Em relação à localidade ou ao local visitado

Algumas das afirmações a seguir podem parecer tolas e bastante óbvias, mas vários guias cometem esses deslizes uma vez ou outra. O principal modo de saber o que não deve ser dito é utilizar o bom senso e se pôr no lugar do turista. Se eu fosse turista, gostaria de receber esse tipo de informação? O que ela me traria de bom? Ela me ajudaria a conhecer melhor o local e a formar uma boa imagem dele?

Essas questões podem facilitar o entendimento de quais tópicos básicos NÃO devem ser ditos em uma explanação:

- *Rezar no início das viagens.* Esse item, muito usual em países com forte tradição católica, não deve ser realizado, exceto quando estiver trabalhando com grupos fechados, em que a questão religiosa seja comum a todos. Iniciar uma oração em voz alta, com todos os passageiros, é absolutamente inconveniente, quando existem no interior do veículo seguidores de outras religiões; além disso, pode dar a impressão, para alguns passageiros, de que se inicia uma viagem rodoviária perigosa, que necessita da proteção divina para que nenhum acidente ocorra.

- *Criticar a localidade ou o governo local.* Mesmo que existam questões explícitas a serem melhoradas, não cabe ao guia, no desempenho de suas funções, criticar a estrutura turística existente. Se ocorrer algum problema, o guia deverá contorná-lo, e, se houver críticas a serem feitas, elas deverão ser inseridas nos relatórios de viagem e entregues ao responsável. Se as críticas forem pessoais, cabe ao guia se dirigir à Associação de Guias, à Secretaria de Turismo ou ao órgão responsável e prestar queixa. Mas NUNCA despejá-las sobre os turistas, pois, além de não surtir nenhum efeito (a não ser o de acalmar o profissional), destruirá ou maculará a imagem que os turistas fazem do local, não trazendo nenhum benefício à localidade ou até mesmo comprometendo o fluxo turístico do lugar.

- *Contar histórias de catástrofes recentes causadas por falta de estrutura social, pública ou de fiscalização.* Casos de deslizamentos de terra nas encostas de uma estrada por onde passaram, enchentes com vítimas, incêndios, pobreza, violência, acidentes de escuna, explosões, assassinato de turistas, etc. – essas histórias são picantes, e, por causa do interesse mórbido de muitos por desgraças, grande parte do grupo dará enorme atenção a elas, bem como alguns até incitarão o guia a falar sobre isso, fazendo perguntas (caso algo tenha sido noticiado em grande escala pela mídia). Mais uma vez, isso só destruirá a imagem do local que os está recebendo. Esse tipo de história pode prejudicar o fluxo turístico da região ou localidade. Por mais indignado que o guia esteja em relação ao ocorrido, deve desabafar com qualquer outra pessoa de seu convívio pessoal, que não sejam turistas em visita ao local.

- *Criticar a postura local em relação a itens polêmicos como religião, sexo, drogas, política, etc.* A postura do guia precisa ser a mais neutra possível, respeitando os costumes e as escolhas locais, levando em conta que existe a liberdade de escolha das pessoas e comunidades. Não há necessidade de mudar de religião para visitar países budistas, nem de obrigar o grupo a rezar, cinco vezes ao dia, voltado para Meca, em visitas a países muçulmanos, mas também não se deve criticar essa crença ou ridicularizá-la, bem como outros costumes que a comunidade possuir. Expor ao ridículo costumes, zombar de sotaques locais ou do modo de vestir-se aumentam ainda mais a chance de haver conflitos entre turistas e moradores da região.

Em relação à programação

No que diz respeito à programação, o que não deve ser dito:

- *Criticar a forma de organização dos passeios e os parceiros envolvidos na prestação dos serviços.* Mesmo que a estrutura esteja errada, que os serviços prestados não estejam de acordo com o solicitado, não se deve criticar abertamente essa organização. Ao guia cabe tentar trabalhar da melhor maneira possível para não deixar que os passageiros percebam as falhas de organização. Todas as críticas devem ficar restritas aos prestadores de serviço e aos relatórios à agência. É inútil o profissional reclamar em alto e bom tom: "Eu bem que avisei que o pessoal dos barcos não era confiável, bem que eu disse. Eles já deveriam ter chegado, afinal, o horário marcado era às 8 h e já são 8h30!"; "O ônibus sempre atrasa. Às vezes, o motorista cochila e se esquece do tempo. Eu já me cansei de reclamar...", etc. Para os passageiros que compraram a programação completa, todos os prestadores de serviços (agente, guia, motorista, marinheiro e outros) fazem parte da mesma equipe de trabalho contratada para organizar sua viagem. Para o turista, a transportadora, o hotel e o restaurante fazem parte da mesma "empresa" e trabalham juntos (mesmo que isso não seja realidade). Esse tipo de comentário demonstra que o guia não está trabalhando em equipe e que quer obter certa indulgência dos passageiros, pois, afinal, a culpa não é dele. Essa atitude deixa claro que de nada adianta reclamar para ele, pois ele mesmo o está fazendo! Mostra, ainda, grande falta de profissionalismo e de maturidade.

- *Nunca mentir ou fazer promessas que não possam ser cumpridas em relação a qualquer questão.* Muitos guias fazem promessas que sabem que não poderão cumprir, para que os passageiros não deixem de participar de algum programa ou para que deixem de pressioná-lo naquele instante, como prometer aumentar ou diminuir o tempo de parada, incluir ou retirar uma visitação, etc. Isso é particularmente comum no que diz respeito a questões sobre clima, horários e parada para visitações. Prometer que o tempo melhorará no dia seguinte é promessa que não pode ser feita pelo guia. Esse tipo de comportamento prolonga o problema, pois, se a promessa não for cumprida, os passageiros voltarão a pressioná-lo (às vezes, com mais intensidade do que antes).

Onde encontrar informações

Grande parte da qualidade do trabalho do guia de turismo está na qualidade das informações que ele possui e da maneira como as transmite. No início da carreira ou na primeira vez em que se realiza um passeio, uma das maiores dificuldades é a coleta de informações para a montagem do programa. O que dizer e em que momento?

Quando os passeios já existem no meio comercial, é comum que os guias novatos se baseiem nas informações passadas por outros guias em passeios anteriores. Esse método é o mais prático, mas também o mais perigoso. É bem usual encontrar guias que repassem informações sem as terem checado antes. Como consequência, temos diversos dados errôneos sendo repetidos no decorrer do tempo. O ditado "quem conta um conto aumenta um ponto" é o que melhor ilustra o que acontece. Aumenta-se um pouco da história aqui, outro bocado ali, e no fim temos histórias absolutamente irreais, com informações de qualquer natureza (arquitetônica, histórica, geográfica, etc.) distorcidas por completo.

Existem diversos outros casos em que isso ocorre; assim, é necessário que, muito mais do que decorar e saber dados acerca de algo, se conheça a fundo o local e se verifique a veracidade das informações, antes de passá-las aos turistas.

Quando, em vez disso, os passeios não existem e são planejados pela primeira vez, cada guia deve montar seu próprio repertório de informações relativas ao roteiro. Nessas circunstâncias, a pesquisa se torna indispensável.

Deve-se ter especial cuidado com o tipo de informação coletada, pois muitas têm o intuito de promover o local. Frases como "a maior produção de... do mundo", "conhecida como a capital de...", "a melhor... de...", etc. são superficiais e passam ao turista uma impressão errada do lugar visitado. Pode-se mencioná-las como lendas, curiosidades e comentários, mas não como dados reais (a não ser que realmente o sejam!).

Os principais locais em que é possível obter informações são:

- *Guias turísticos*. Os guias impressos contam com grande quantidade de informações sobre locais visitados. Valem como base principalmente sobre localização dos atrativos e sobre o que pode ser visitado nas cidades, mas, apesar disso, as informações existentes não têm a profundidade de que um guia precisa, sendo necessárias outras fontes de informação. Deve-se ficar atento ao fato de que existem certos guias turísticos específicos de localidades, que visam mais à promoção de atrativos que pagaram pela publicação do que à veracidade dos fatos da cidade.

- *Livros (didáticos ou não) e enciclopédias.* O conhecimento formal é fundamental para um guia de turismo. Não apenas sobre o local específico, mas inclusive sobre história geral, geografia, biologia, meio ambiente, etc. Cada roteiro, cidade ou atrativo pode necessitar de um tipo de conhecimento. Por exemplo, ao fazer passeios de escuna em rios e manguezais, o conhecimento de biologia e meio ambiente será necessário; para visitar antigas fazendas, o guia precisará conhecer um pouco de história, bem como o cotidiano atual dos moradores e como se desenvolve a produção rural do local; para fazer uma visitação turística à bolsa de valores, o profissional precisará conhecer algo sobre o funcionamento dela, história e conceitos de economia. O conhecimento formal dá consistência às informações transmitidas, dando confiabilidade ao guia.

- *Jornais locais.* Uma das formas de obter conhecimento sobre os lugares visitados é fazer pesquisas em bibliotecas municipais e em jornais locais. Essa é uma literatura bastante vasta, que pode dar subsídios ricos e fornecer dados importantes sobre costumes, hábitos, acontecimentos e lendas da região.

- *Contato com moradores.* O contato com moradores é uma das mais importantes ferramentas para que o guia obtenha informações sobre determinada localidade (principalmente se esta for pequena, em que o turismo esteja se iniciando). Todavia, deve-se ter muita atenção, pois os moradores contam as próprias versões sobre a história, e todas as informações passadas por eles devem ser checadas ou consideradas casos.

- *Folheteria dos atrativos.* A folheteria é bastante importante e contém informações técnicas sobre atrativos específicos, como aspectos referentes a horários, atrações existentes, endereços e telefones, etc.

- *Mapas rodoviários.* Obtêm-se dados sobre rodovias, distâncias percorridas e cidades próximas. Permitem a visualização do roteiro a ser realizado, o cálculo de horários e do tempo necessário para o trajeto, bem como auxiliam na organização das atividades de entretenimento.

- *Sites.* Hoje, os guias contam com mais uma ferramenta para obter informações – a internet. Infelizmente, as informações disponíveis na rede (a maioria) não têm cunho oficial e são, muitas vezes, erradas e tendenciosas. Como não existe nenhum tipo de fiscalização sobre o que é inserido nos sites, boa parte deles (mesmo os que parecem bastante sérios) contém dados errados, copiados de outros sites, principalmente no que se refere a dados específicos, como datas, nomes, valores, tamanhos, números, altitude, clima, etc. É necessário muito cuidado ao se utilizarem dados provenientes da internet, devendo-se procurar, de preferência, sites oficiais de cada país.

Todas as informações contidas nas fontes, referentes sobretudo à indicação de locais, como restaurantes, boates, bares, etc., devem ser verificadas pessoalmente, para que o guia tire suas próprias conclusões. Muitas vezes, informações contidas em guias, sites e folheterias são antigas e não coincidem com o que está sendo oferecido no momento.

Questões para reflexão e debate

1) De que forma o conhecimento de psicologia pode facilitar o desempenho das funções do guia?

2) Quais são as principais características que podem diferenciar um grupo?

3) Quais são as principais diferenças entre as linguagens verbal e não verbal?

4) De que maneira o guia de turismo se utiliza da linguagem não verbal?

5) O que significam os princípios básicos da comunicação chamados adequação e oportunidade?

6) Um guia deve basear sua explanação pelo que está sendo visualizado no ônibus? Por quê?

7) O que acontece se os passageiros perceberem que o guia está consultando as informações sobre o passeio?

8) Quais são os principais cuidados que devem ser tomados ao se estruturarem explicações que serão feitas em ruas movimentadas?

9) Escolha um atrativo turístico importante de sua cidade e elabore uma explanação sobre ele (sem levar em conta a visitação interna).

10) Como e onde encontrar as informações necessárias para montar uma explanação?

Legislação e aspectos jurídicos

Regulamentação da profissão

Algumas das funções que cabem atualmente aos guias são realizadas desde o início do turismo; afinal, era necessário que houvesse pessoas que orientassem e guiassem os turistas nos países e nas regiões visitadas. Apesar disso, essas funções apenas começaram a se transformar em profissão quando o turismo passou a ter um caráter mais mercadológico, o que, de acordo com a maioria dos teóricos e estudiosos do ramo, aconteceu no fim do século XIX, com Thomas Cook, considerado o primeiro agente de viagens.

No século XX, com a popularização das viagens em grupo e a massificação do turismo, a figura do guia tornou-se comum.

Na atividade turística, a profissão de guia de turismo é uma das únicas que já conta com regulamentação específica para sua prática. Isso significa que apenas poderão exercer a profissão e requerer cadastramento pessoas egressas de cursos de qualificação, habilitação e especialização profissional. Tais cursos são geralmente desenvolvidos em nível técnico por entidades de ensino autorizadas.

Para ingressar em um curso específico de guia de turismo, é exigido que o candidato tenha, no mínimo, ensino médio completo (antigo segundo grau ou colegial). Esses cursos incluem disciplinas, como técnicas de comunicação, teoria e técnica profissional de guia de turismo, relações interpessoais, geografia, meio ambiente, história, história da arte, manifestações da cultura popular, primeiros socorros, entre outras.

Por causa da grande responsabilidade envolvida na execução dos trabalhos de guia de turismo, em geral as leis de regulamentação exigem idade mínima de 18 anos para o exercício da atividade de guia regional e especializado e de 21 anos para a de guia de excursão nacional ou internacional.

Para o cadastramento como guia de excursão internacional, é ainda solicitado que o candidato apresente comprovação de domínio de pelo menos uma língua estrangeira, mediante atestado de proficiência ou fluência.

Apesar da regulamentação existente, há pouca consciência sobre a importância do guia de turismo acompanhante, portanto, é possível encontrar em quase todos os lugares ônibus que partem em excursões ou passeios turísticos sem a presença de um guia de turismo devidamente cadastrado.

Esse fato, além de prejudicar os profissionais qualificados da área, colabora para o não desenvolvimento sustentável das regiões e do turismo de um modo geral em nosso país. A não utilização de guias de turismo credenciados desvaloriza os profissionais qualificados, diminui seus rendimentos e os desestimula a trabalhar de modo regular.

Além da falta de conscientização de turistas e empresas do ramo, outro fator que colabora para esse comportamento é a pouca fiscalização existente. Em algumas localidades, em que o turismo é mais desenvolvido, existem associações de guias de turismo locais que se encarregam de fiscalizar a presença de um guia de turismo credenciado no veículo, exigindo a contratação de um guia regional para visitação à localidade, caso o guia acompanhante (se houver) não possua qualificação para tal.

Em geral, o guia de turismo é um profissional autônomo, que pode prestar serviços a várias empresas (agências e operadoras). Como profissional autônomo, o guia deve emitir recibos como comprovante de seus recebimentos. No que diz respeito às comissões pagas por outros prestadores de serviço, estas deverão ser combinadas diretamente com a agência/operadora contratante, incluindo-se ou não a porcentagem reservada ao condutor, no caso de viagens rodoviárias, e ao(s) guia(s) local(is), quando houver.

Todavia, nada impede que em alguns casos aconteça a contratação do guia por uma única empresa, a qual exigirá exclusividade de serviços. Esse vínculo empregatício é regido por normas específicas de cada empresa e da localidade em que ocorre, jamais contrariando a legislação trabalhista em vigor.

Direitos e deveres do guia de turismo

Como toda profissão, a de guia de turismo é regida por uma série de normas (formais ou informais) que orientam seu desenrolar. Essas normas variam de acordo com o local de atuação do guia de turismo. Em geral é considerado direito dos guias de turismo, quando no desempenho de suas funções, o acesso gratuito aos veículos de transporte, aos museus, às igrejas, às galerias de arte, às exposições, às feiras e a outros pontos de interesse turístico.

Boa parte dos estabelecimentos vinculados ao turismo permite o acesso de guias (devidamente credenciados) às suas instalações, sem cobrança de taxas de entrada quando do acompanhamento de pessoas ou grupos.

A discórdia surge quando se trata da gratuidade de acesso fora do desempenho de suas funções, ou seja, desacompanhado de turistas. Nesse caso, é comum que estabelecimentos (inclusive de interesse turístico) barrem a entrada desses profissionais quando eles não estão acompanhados de turistas. Contudo, esse acesso fora do desempenho de suas funções poderia ser caracterizado como visitação de avaliação ou de estudo. A maioria dos estabelecimentos não entende que o desempenho das funções do guia de turismo também está na verificação e na avaliação das condições de recebimento desses lugares, muito antes de ele levar os turistas até o local. Afinal, como levar turistas para "guiar" se o guia não conhecer antes o local? Em algum momento da carreira, todo guia visitará pela primeira vez um local para conhecê-lo e, em caso de ausência prolongada daquele destino, precisará visitar o local de novo para relembrar detalhes e verificar modificações ocorridas.

Em alguns estabelecimentos, a entrada gratuita do guia de turismo sem o pagamento de taxas é proibida até mesmo quando este se encontra no desempenho de suas funções. Isso ocorre em situações especiais, em que o ingresso tenha numeração e seja considerado caro, como *shows*, palestras, *performances*, etc., ou em locais fechados para festividades particulares. Se o regulamento interno do estabelecimento não previr a visitação gratuita de guias de turismo, a entrada destes sem o pagamento de taxa pode não ser autorizada, e o estabelecimento não poderá ser autuado.

Alguns estabelecimentos com locais marcados permitem a entrada do guia, mas indicam outro local para a permanência dele, longe do palco, onde cadeiras ou poltronas são menos concorridas, por exemplo – essa pode ser uma boa solução para o impasse.

O principal causador do embate relativo à entrada gratuita ou não de guias (acompanhados ou não de pessoas ou grupos) é a ainda pouca conscientização turística existente em alguns lugares, que faz com que esses locais vejam o guia de turismo como custo, e não como divulgador de seus produtos e serviços. É – ou deveria ser – de interesse dos estabelecimentos de cunho turístico fazer sua divulgação por meio dos guias, pois esses profissionais constituem bons propagadores e formadores de opinião aos clientes.

Todavia alguns empreendimentos já veem os guias de turismo como bons propagadores e divulgadores e costumam até bajular muitos deles por essa razão.

É importante ressaltar que, como em toda profissão, na de guia também existem pessoas com comportamento pouco profissional, que não se contêm e abusam da autoridade e dos direitos a elas conferidos. Esse tipo de comportamento pode causar constrangimento a outros profissionais da área, dando margem à desconfiança, ao receio e até à aversão ao trabalho de guias de turismo.

É relevante lembrar que a quebra da confiança ocorre de forma bastante fácil e rápida, mas sua restituição é dificílima. Guias de turismo cadastrados que não atuam com frequência como guias e querem usufruir das regalias propiciadas a essa classe profissional, e nisso insistem, são um bom exemplo de como poucas pessoas podem macular a imagem de toda uma categoria.

Embora a legislação não especifique, ainda é direito do guia de turismo receber remuneração pelos serviços prestados. Essa afirmação pode parecer óbvia, ridícula e até mesmo leviana, mas é comum nessa profissão (principalmente em cidades que não dispõem de pessoal qualificado e com formação específica) que moradores locais não qualificados se apresentem e sejam contratados como "guias de turismo" ou "guias mirins", oferecendo seus serviços em troca da alimentação que receberão em barracas de praia ou restaurantes, da comissão paga por comerciantes no caso de compras efetuadas pelos turistas, ou ainda efetuarem passeios em que os turistas paguem o valor que entenderem ser adequado se acharem que os serviços e as informações prestadas foram interessantes.

Como uma profissão não envolve apenas direitos, também há deveres atribuídos que variam de acordo com a empresa para qual o guia está a prestar serviço e também o país em que o guia está atuando.

Deve-se lembrar que, apesar de estar no desenvolvimento de suas funções profissionais, o guia é considerado cidadão comum no que diz respeito a seus direitos e deveres legais.

Isso significa que não recebe "imunidade" ao exercer a profissão, inclusive no que se refere a documentação, vistos, passagem de fronteira, bagagem, câmbio, cota de compras, contrabando, uso de drogas ou substâncias ilícitas, acidentes, incidentes diplomáticos, etc., ou seja, as penalidades aplicadas pelo órgão regulador da profissão em decorrência das infrações não isentam o guia da responsabilidade civil ou criminal de seus atos, e este também poderá ser processado e condenado (como cidadão comum).

Organismos de turismo de interesse para o profissional

O trabalho de guia permeia uma série de tópicos diretamente vinculados ao direito internacional e à relação de fronteiras existentes nos países.

É muito importante que o guia saiba quais são suas atribuições ao sair do país, para que possa se precaver em relação a algum aspecto legal do país a ser visitado (restrições de acesso, tempo de permanência, etc.). Devem-se checar sempre itens como cotas de compras, necessidade de vistos, vacinas, documentação, entre outros.

Para não ter surpresas desagradáveis, é muito importante que o guia de turismo se mantenha atualizado sobre a legislação e os trâmites legais existentes, bem como no que diz respeito às relações internacionais vigentes.

Os principais organismos e entidades de classe de interesse para o guia e que podem ser verificados para informações são:

- Organização Mundial de Turismo (OMT, em inglês UNWTO);
- Ministério do Turismo;

- Embaixadas e consulados brasileiros;
- Secretarias municipais de turismo ou órgão similar;
- *Conventions & Visitors Bureaus*;
- Associações municipais de guias de turismo.

Questões para reflexão e debate

1) Por que alguns estabelecimentos não permitem a entrada de guias de turismo quando não acompanhados de turistas?

2) Quais são as principais infrações disciplinares consideradas pela lei no desempenho das funções do guia de turismo?

3) O guia tem algum tipo de tratamento especial ou privilégios em fronteiras ou em relação à responsabilidade civil de seus atos?

4) Como solucionar o impasse da proibição da entrada de guias sem o acompanhamento de turistas? Debata as ideias com seus colegas.

Impasses comuns, situações de emergência, queixas e reclamações

Boa parte das viagens transcorre sem percalços (saber isso é um grande alívio!), mas ainda assim são inúmeras as dificuldades que podem surgir durante uma viagem, tantas que seria impossível elencar todas aqui.

Foram selecionados apenas alguns dos principais problemas que ocorrem no dia a dia do turismo – aqueles que acontecem com maior frequência, de acordo com pesquisa realizada com alguns guias.

Independentemente da forma e das razões pelas quais as dificuldades acontecem, na maior parte dos casos o responsável pela resolução do impasse, uma vez que este já esteja instalado, é o guia de turismo, pois é ele o profissional que representa a agência/operadora da qual o passageiro comprou o produto. A isso deve ser acrescido o fato de que, muitas vezes, a ocorrência desses problemas se dá fora do horário comercial, em fins de semana ou feriados, em momentos em que não é possível o contato com o escritório central. Tais impasses acontecem ainda em locais distantes, em que quase sempre haveria grande desgaste, demanda de tempo e alto custo de comunicação para o passageiro ou para o prestador do serviço.

Também podem ocorrer incidentes e acidentes que exijam o rápido posicionamento do guia. Nessas circunstâncias, além da prestação de primeiros socorros (habilitação necessária à formação do guia), devem-se tomar algumas atitudes que demandam sangue-frio, discernimento e conhecimentos técnicos.

Situações de emergência e primeiros socorros

Overbooking[1] em hotéis

Em períodos de alta temporada, são relativamente comuns problemas com overbooking em hotéis previstos para a programação. Na maioria das vezes em que isso acontece, o guia é avisado com certa antecedência e recebe as informações sobre o(s) novo(s) hotel(éis) em que o grupo será acomodado. Caberá ao profissional, então, informar os passageiros sobre a troca, apresentar o novo hotel, suas instalações e localização, enquanto estes ainda estão no ônibus.[2]

Nesses momentos, os passageiros costumam reclamar bastante (às vezes, com razão) e ficam irritadiços e incomodados. O guia precisará de muita diplomacia para contornar essa situação, principalmente se o hotel utilizado tiver categoria inferior ou localização menos favorável do que o pago pelos turistas.

Se porventura o guia não receber com antecedência a informação do overbooking e for informado disso somente no hotel, no ato do check-in, ele deverá resolver o caso distante da vista (e dos ouvidos)

---

[1] *Overbooking* é o termo usado quando há vendas de mais lugares do que o local comporta. Isso pode acontecer em aviões, navios, hotéis, *shows*, etc.

[2] A substituição do meio de hospedagem por outro de categoria similar é uma prática usual no agenciamento e na operação de excursões. Em caso de a substituição ter sido prevista nas condições gerais do programa, não há razão para que haja reclamações por parte dos passageiros, todavia, nos casos em que a compra do produto foi baseada em informações vinculadas ao hotel (pacotes turísticos de maneira geral), as reclamações decorrentes dessas substituições são bem fundamentadas, o que pode dificultar o trabalho do guia.

de seus passageiros. Deve solicitar ao grupo que o aguarde no *hall* do hotel ou em uma área específica, para depois se retirar e tentar resolver o impasse. Jamais deve tentar resolver esses problemas na frente dos turistas, pois, além de não conhecerem os trâmites internos de reservas, os passageiros logicamente se inflamarão, e o tumulto será grande e, muitas vezes, mais difícil de controlar.

No setor de reservas, separadamente, o guia contatará o responsável e verificará os motivos do overbooking, fará contato com a agência e procederá de acordo com as orientações desta. O profissional poderá ser orientado a aguardar um pouco mais no hotel até que a própria agência providencie acomodação em outro estabelecimento conveniado. Ou, se a agência não puder ser contatada por qualquer motivo, o guia poderá ser orientado a procurar por conta própria um hotel que possa acomodar o grupo. Na maior parte das vezes em que isso acontece, o próprio setor de reservas do hotel indica um meio de hospedagem que possa receber o grupo, inclusive como forma de amenizar o problema. Cabe ao guia verificar se a categoria do estabelecimento oferecido é similar à do hotel previamente reservado.

É importante ressaltar que o mais importante nesse momento é o guia afastar o grupo, manter a calma e tranquilizar os passageiros. A função dele nesse instante será tentar dar andamento à viagem da forma mais normal possível, minimizando o desconforto causado. Eventuais reclamações, pedidos de ressarcimento ou intimações judiciais são de responsabilidade dos parceiros envolvidos (agência vendedora, operadora responsável, hotel), não do guia.

Quando o descontentamento do grupo é muito grande, é comum a agência/operadora oferecer algum benefício extra aos turistas como forma de amenizar o problema causado; nesse caso, o guia poderá ser orientado a realizar algum passeio que não estava previsto no programa, por exemplo. É importante lembrar que, mesmo que a ideia do benefício seja do guia, como quase sempre acontece, quem deve autorizar tal procedimento é sempre a empresa que o contratou, uma vez que frequentemente isso gera algum custo que não havia sido previsto na elaboração do programa.

Passageiro atrasado ou "desaparecido"

Esse é um item muito difícil no cotidiano do guia. Tudo deverá ser resolvido de acordo com o bom senso e o momento em que o atraso ocorrer.

Conforme a legislação, o tempo de tolerância para espera de um passageiro atrasado é de quinze minutos. Contudo, como cada programação é diferente, a necessidade de pontualidade só poderá ser determinada pelo guia.

De modo geral, a tendência é aguardar o passageiro, informando os demais sobre o fato, sobre o tempo de tolerância, e, ao mesmo tempo, procurar a pessoa atrasada perguntando por ela a outros passageiros, funcionários do local, por meio de alto-falante, sistema de som, etc.

Os procedimentos podem seguir alguns critérios:

1) Se o passageiro for localizado e estiver a caminho, pode-se, a critério do guia, e, se isso não atrapalhar a continuidade da programação, aguardar um pouco mais, além da tolerância estipulada, informando-se o fato ao restante do grupo.

2) Se a espera for ou puder vir a ser prejudicial ao restante do grupo, causando risco de perda de embarque em passeio de trem, barco, entrada para *show*, reserva em restaurante, etc., deve-se informar ao passageiro atrasado que a tolerância estipulada já foi dada e que o grupo seguirá sem ele. Pode-se (a critério do guia) entregar pessoalmente a ele o ingresso, o tíquete ou documentação semelhante (se existir), ou deixá-lo com alguém responsável e conhecido (gerente de hotel, de restaurante, etc.) para o caso de o passageiro querer completar a programação com transporte particular (táxi, ônibus ou carona).

3) Se o passageiro não for localizado, deve-se deixar a documentação pertinente (se existir) com alguém responsável e conhecido, para o caso de ele aparecer e querer completar a programação com transporte particular.

4) Se o passageiro não for localizado e o "desaparecimento" for prejudicial à continuidade do roteiro, como no caso de grupo que vá deixar definitivamente a cidade, embarcar em trem, avião ou barco, deve-se contatar a operadora ou base da agência responsável pelo passageiro para relatar o ocorrido. Deve-se ainda deixar uma comunicação formal (em duas vias e com testemunhas) em que se explique o fato e se informem todos os dados do guia e da agência, para que o passageiro entre em contato assim que aparecer[3] e possa alcançar o grupo depois.

O que é importante ressaltar é que não se pode priorizar por completo um único passageiro em detrimento do grupo. A responsabilidade pela pontualidade é de cada turista, não do guia. Se for possível esperar, deve-se fazê-lo; todavia, se isso trouxer prejuízo aos demais membros do grupo, deve-se seguir viagem sem o passageiro atrasado. É igualmente importante verificar e distinguir (inclusive porque isso determina o comportamento e as atitudes a serem tomadas) se é a primeira vez que a pessoa se atrasa ou se esse turista tem o costume de se atrasar.

Atraso de ônibus

Quando as programações turísticas são aeroterrestres, muitas atividades e passeios são feitos com compartilhamento de equipamento terrestre, ou seja, um único ônibus serve a dois, três ou mais grupos. Esse sistema é diferente de viagens rodoviárias, em que um grupo

---

[3] Em casos como esse, o guia seguirá com o grupo, e a agência/operadora, em contato com o hotel, ficará responsável pela localização do passageiro. Apenas haverá necessidade de contatar a polícia se o desaparecimento for superior a 24 horas.

utiliza um único veículo com exclusividade. O compartilhamento de veículos (ônibus, escunas, trens, etc.) gera barateamento significativo de custos às operadoras e é, hoje, um sistema amplamente usado em pacotes turísticos.

Em razão desse sistema, atrasos com os meios de transporte, na ida ou na volta de passeios, podem ocorrer (e efetivamente ocorrem com certa frequência), pois estes estão atendendo a diversos grupos em sistema de escala. Em casos de atraso, a primeira providência a ser tomada pelo guia é tentar localizar e contatar o motorista para verificar quais os motivos do atraso. Se o contato não for possível, deve-se tentar falar com a agência, para se obterem as mesmas informações e até um meio de transporte substituto (dependendo do tempo previsto de atraso).

Em seguida, deve-se orientar e acalmar o grupo, informando o tempo previsto para a chegada do meio de transporte, entretendo-o de forma suave (não ostensiva) para tornar a espera menos cansativa. Nessas circunstâncias, a tentativa de entretenimento ostensivo (gincana, brincadeiras organizadas, etc.) pode causar irritação, indignação e revolta em alguns passageiros, que se sentirão como "crianças" sendo distraídas para esquecer algo.

Early check-in não previsto ou não disponível

De maneira geral, a programação de uma viagem é elaborada de forma que os horários de chegada às cidades sejam oportunos e o check-in nos hotéis ocorra por volta do meio-dia, não ocasionando espera.

Quando a chegada dos passageiros acontece em horário diferente dos adequados, os hotéis podem ter ou não disponibilidade imediata de apartamentos. Quando há essa disponibilidade, os passageiros são acomodados sem maiores dificuldades. Entretanto, podem ocorrer problemas em relação à liberação de alguns apartamentos, quando o early check-in[4] não estiver previsto e confirmado. Para esses casos, tudo dependerá do bom senso do guia e da boa vontade do pessoal da recepção e da gerência do hotel. É comum que nessas circunstâncias seja disponibilizado um apartamento para homens e outro para mulheres, para que os turistas possam trocar de roupa e frequentar as áreas de lazer do hotel enquanto aguardam a liberação de todos os apartamentos.

Quando o guia souber com antecedência que o early check-in não estará disponível ao grupo, deverá tomar algumas providências. Se o tempo de espera for relativamente grande e o hotel não tiver apartamentos disponíveis para troca de roupa ou área de lazer adequada, o guia poderá optar por adiantar um passeio pela cidade, aumentar a permanência em determinado atrativo ou local ou, ainda, pedir que o motorista diminua a velocidade entre um trecho e outro da estrada. Nesse caso, os passageiros apenas chegarão ao hotel em horário aproximado ao horário regular de check-in.

Assédio de passageiro(a)

O assédio ao guia por parte de passageiros é algo bem corriqueiro e, levando-se em conta as características de alguns destinos turísticos, até esperado. Pode se dar de forma velada ou explícita, decorrer de interesse e atração verdadeiros ou de disputas e competições entre passageiros.

Quando se trata de assédio velado, é mais fácil lidar com o(a) passageiro(a), tendo-se em vista que a atração não fica evidente a todo o grupo. Todavia, quando ele ocorre de forma explícita, é importante ter mais cuidado. A demonstração de interesse explícito e a insistência na obtenção de privilégios podem causar grande incômodo ao restante dos turistas e precisarão ser eliminadas definitivamente o quanto antes (para o bom andamento da viagem). Ouvir elogios é sempre agradá-

---

[4] Entrada e check-in em horário antecipado, ou seja, antes do horário regular do meio-dia. De modo geral, o early check-in é previsto e pré-autorizado pelo hotel e pela operadora.

vel, porém, quando eles ultrapassam certo limite, passam a ser objeto de falatório por parte do restante do grupo. Em casos mais intensos, esse tipo de procedimento chega inclusive à agência/operadora responsável por meio de cartas de reclamação.

Também não é incomum que o assédio ao guia seja feito como demonstração de poder entre passageiros (em geral, duplas ou grupos de jovens – homens ou mulheres – que estão viajando juntos). Nessa circunstância, o guia não se torna objeto de desejo pelas características pessoais, mas por ser "o guia", ou seja, um prêmio a ser conquistado. Esse tipo de assédio deve ser igualmente descartado o quanto antes, lembrando-se sempre que são necessárias discrição e delicadeza nas atitudes.

Pode ocorrer ainda de a atração entre guia e passageiro(a) ser verdadeira; nesses casos, o ideal é que ambos conversem e deixem claro que *qualquer* envolvimento só poderá acontecer após o término da viagem. Se a atração for fruto de sentimento verdadeiro, por certo não haverá nenhum tipo de dificuldade em se esperarem alguns dias.

Independentemente da forma como e da intensidade com que o assédio ocorra, é essencial que o guia saiba manter a devida distância durante a viagem. Como já mencionado, o assédio do guia por parte de passageiros(as) é algo bastante comum e frequentemente pode ser considerado "fogo de palha".

Objetos esquecidos em ônibus, meios de transporte, restaurantes, atrativos, etc.

Uma das situações de emergência mais comuns com a qual o guia se depara é o esquecimento (ou perda) de algum tipo de objeto pelos passageiros. Como ocorre com relação à maioria dos problemas, a principal forma de combater essa situação é a precaução.

É importante que o guia se lembre SEMPRE de advertir os passageiros para que verifiquem seus pertences pessoais antes de sair de algum local em que permaneceram por algum tempo. O lembrete deve ser dado principalmente em localidades em que houve momentos de descontração e algum tipo de atividade recreativa.

Ao advertir os passageiros, enumere os objetos que mais facilmente são esquecidos no local: máquinas fotográficas, celulares, tablets, óculos, toalhas, chinelos, carteiras, sacolas, compras, chapéus, etc.

Se a advertência não for suficiente e algum passageiro efetivamente esquecer o objeto, peça a ele que o descreva o mais detalhadamente possível e enumere os eventuais lugares onde possa tê-lo deixado. Com a descrição em mãos, pergunte primeiro aos demais passageiros se alguém porventura encontrou o objeto (é comum que alguém o tenha recolhido para procurar o dono ou pegado por engano). Se este não for encontrado entre os passageiros, contate quanto antes os prestadores de serviço para verificar se algo semelhante foi localizado. De modo geral, os objetos esquecidos acabam sendo encontrados.

A perda de objetos costuma trazer aborrecimentos reais ao passageiro e ao guia quando se refere a bolsa ou carteira, na qual haja documentos pessoais, cartões de banco ou de crédito e dinheiro. Nesses casos, o guia deverá, primeiramente, acompanhar o passageiro até uma delegacia para fazer boletim de ocorrência (BO). A partir daí, os procedimentos dependerão da gravidade do caso.

1) Se a viagem for em outro país e o passageiro perder passaporte, dinheiro e cartões, será necessário contatar, de imediato, a embaixada para providenciar nova documentação e permitir que o turista continue a programação normalmente. De modo geral, o próprio cliente fará contato com um parente ou conhecido que poderá fazer alguma transferência que permita o prosseguimento da viagem.

2) Se a viagem transcorrer em território nacional, não é preciso providenciar novos documentos de imediato, tendo-se em vista que o BO poderá ser utilizado em caso de necessidade. Quanto ao dinheiro, o mesmo procedimento poderá ser adotado, ou

seja, um conhecido do passageiro pode contatar a agência e fazer o depósito de valores, para que estes sejam entregues ao turista.

Em nenhum dos dois casos, o guia deverá emprestar ou permitir que outro turista empreste grande quantidade de dinheiro a alguém, com promessa de pagamento posterior. Por certo existem pessoas de boa índole, mas também existem aquelas mal-intencionadas. Infelizmente, não se conhece o caráter de todos os passageiros, portanto, a experiência nos ensina a ser cautelosos.

Perda ou extravio de bagagem em viagens aéreas

Conforme mencionado no capítulo "O dia a dia do guia de turismo", em caso de perda de bagagem, em geral a companhia aérea recupera o bem e o devolve ao passageiro com relativa rapidez, porém pode acontecer de a empresa não encontrar a mala extraviada; nessa circunstância, o turista tem direito ao ressarcimento por ela.

De qualquer modo, antes das primeiras 24 horas após o preenchimento do formulário de perda de bagagem, não há nada que o guia possa fazer – o turista deve aguardar o aparecimento dela. Nesse meio tempo, é de bom-tom o guia se prontificar a auxiliar o cliente na compra de alguns itens básicos, como escova de dentes, pasta, roupas íntimas, chinelos, etc. Passadas as 24 horas, o guia pode auxiliar o turista a solicitar perante a companhia aérea uma ajuda de custo para despesas imediatas. Também existe a possibilidade de pedir reembolso para compra de itens de primeira necessidade, mas ele ficará sujeito à aprovação da companhia aérea e dependerá sempre da apresentação de notas fiscais. A função do guia, nesse caso, é muito mais de apoio emocional (dando suporte ao passageiro e certificando-se de que ele consiga aproveitar o restante da viagem) e de orientação sobre os procedimentos burocráticos a serem tomados nessas circunstâncias.[5]

Perda de documentação

Em caso de perda ou roubo de documentos, a primeira providência a ser tomada é comunicar a polícia local. O guia só poderá acompanhar o turista nesse trâmite se houver outro profissional que possa zelar pelo grupo; do contrário, deve encaminhar o turista à autoridade competente.

Para o caso de perda de documentação em território nacional, o turista poderá providenciar a nova emissão dos documentos quando voltar da viagem, uma vez que o BO preenchido pelas autoridades é válido para comprovar o acontecimento.

Em caso de viagens internacionais, de posse do BO emitido pela polícia local, o turista deve procurar a embaixada ou o consulado de seu país para expedição de novo passaporte, tendo-se em vista que só poderá deixar o país de posse deste. Todos os outros documentos deverão ser reemitidos no país de origem do turista. De novo, o guia poderá auxiliar o turista, acompanhando-o ou encaminhando-o.

A função do guia poderá variar muito de acordo com o momento em que ocorrer a perda da documentação. Assim como no caso de extravio de bagagem, o papel do guia será muito mais de apoio emocional e de orientação para a realização dos procedimentos burocráticos.

Em alguns casos, porém, o guia precisará tomar a frente de forma um pouco mais ativa, como no caso de passageiros menores de idade que estejam viajando desacompanhados, idosos, quando no exterior, e pessoas que tenham grande dificuldade de se comunicar em outro idioma.

---

[5] A legislação referente a transporte aéreo muda com frequência e sofre também pressões por parte das companhias e dos órgãos de defesa do consumidor, portanto, é prudente que o guia verifique a legislação em vigor.

Pode acontecer de o guia precisar seguir viagem com o grupo para outro país ou voltar ao país de origem antes que se dê a expedição do novo passaporte do turista. Nesse caso, o guia deve entrar em contato com a agência/operadora para auxiliar o membro que, temporária ou permanentemente, está se desligando do grupo. Também poderá auxiliá-lo na permanência na cidade, conversando com o meio de hospedagem sobre o ocorrido e solicitando colaboração para prolongar a estada do hóspede pelo tempo necessário (o pagamento das diárias extras corre por conta do cliente). Se a viagem continuar e o turista puder reencontrar o grupo, o guia deverá manter-se em contato com ele e com a operadora (que providenciará as devidas remarcações ou compra de passagens) para poder receber o turista em outra localidade e dar prosseguimento normal à programação.

Morte de passageiro

Infelizmente, pode acontecer a morte de algum passageiro durante uma viagem, tanto por causas naturais (principalmente em grupos de terceira idade) quanto por acidentes ou, raríssimas vezes, por suicídio ou assassinato.

Em caso de falecimento, a primeira atitude a ser tomada é pedir que ninguém toque em nada (mesmo depois de prestar os primeiros socorros, se tiver sido esse o caso), chamar as autoridades policiais, acalmar o restante do grupo e comunicar o fato à agência/operadora, para que esta tome as devidas providências, entrando em contato com os familiares da vítima e auxiliando-os nos procedimentos civis correspondentes, como o transporte do corpo.

Cabe à polícia da região a remoção do corpo e a liberação do veículo ou do local, após perícia técnica, não podendo o guia, a agência/operadora ou as parcerias interferir nesse procedimento. Não se deve limpar, remover ou alterar nada sem autorização policial.

Em caso de viagens internacionais, a autoridade consular da nacionalidade do passageiro deverá ser informada do fato o mais breve possível, para que seja providenciado o atestado de óbito. A comunicação pode ser feita pelo guia, por algum familiar que esteja na viagem, por algum parceiro (o gerente do meio de hospedagem, por exemplo) ou pelas autoridades policiais. Vale ressaltar que os custos relativos ao falecimento, como transporte do corpo, são de responsabilidade dos familiares, da agência/operadora ou da seguradora da assistência de viagens, conforme reza o contrato de viagem.

O guia precisa ter tranquilidade para transmitir a notícia ao grupo, tendo-se em vista que uma morte é sempre algo traumático, principalmente se o integrante do grupo que faleceu era uma pessoa querida por todos ou se a viagem estiver do meio para o fim, quando os vínculos e as amizades já estão formados. O fato será sentido profundamente pelo grupo, podendo inclusive afetar o restante da programação.

Desse modo, compete ao guia tentar dar andamento à excursão da melhor maneira possível, mas pode acontecer de o grupo decidir finalizar a programação antecipadamente. Nessa circunstância, o guia deverá solicitar à agência/operadora o desligamento dos passageiros que assim desejarem fazer ou o encerramento da viagem, como às vezes é possível fazer nas viagens rodoviárias. Todavia, é importante lembrar que nem sempre isso é possível, pois, nas viagens aéreas, o retorno pode ter sido reservado em voo fretado ou não haver lugar em voos regulares, por exemplo.

Primeiros socorros

Para exercer a profissão, todo guia de turismo precisa fazer um curso de primeiros socorros. O que será descrito a seguir não pretende, em hipótese alguma, substituir um curso de primeiros socorros, mas apenas transmitir alguns princípios que podem ser bastante úteis.

Uma das frases mais usuais quando se inicia um curso de primeiros socorros é: "Mais importante do que fazer algo de imediato é saber o que não deve ser feito, para que suas ações não agravem ainda mais a situação da vítima ou ponham em risco a sua própria segurança". Qualquer movimento brusco ou desatento em relação à vítima pode causar ferimentos e danos mais sérios do que os ocorridos no acidente.

Prestar socorro não inclui apenas ações relacionadas à vítima. Por exemplo, quando alguém pede socorro especializado de modo eficiente, já está prestando e providenciando ajuda. Qualquer um que deixe de prestar ou de providenciar assistência à vítima, podendo fazê-lo, está cometendo crime de omissão de socorro, mesmo que não seja o causador do evento.

Os primeiros instantes após um acidente, principalmente as duas primeiras horas, são os mais importantes para garantir a recuperação ou a sobrevivência das vítimas.

Em situações de emergência, bom senso e tranquilidade são essenciais para a prestação de um socorro adequado. Lembre-se de que o guia é responsável pelo bem-estar de todos os seus passageiros e não deve se preocupar apenas com a vítima, mas também com a questão emocional do restante do grupo. Muitas pessoas são altamente impressionáveis em casos de emergência e podem entrar em pânico em situações de alto estresse e acabar sofrendo danos ainda maiores do que os da primeira vítima (desmaios, pressão alta, derrames, ataques cardíacos, estado de choque, etc.), causando uma segunda emergência.

Portanto, a primeira providência é tentar acalmar todos, mostrando tranquilidade e domínio técnico do que deve ser feito. Verifique entre os presentes quem está em condições de ajudar. Com firmeza, calma e ordem, procure designar tarefas específicas a cada um de seus colaboradores: chamar socorro especializado, procurar um médico entre os presentes, afastar os curiosos, auxiliar a vítima, dar apoio aos familiares e conhecidos, buscar a caixa de primeiros socorros, desviar o trânsito, etc. É importante que a designação de tarefas seja nominal, ou seja, deve-se indicar alguém para aquela função. Quando os pedidos são feitos de forma genérica – como "Chamem um médico!", "Afastem os curiosos!", "Tragam a caixa de primeiros socorros!" –, corre-se o risco de duas ou mais pessoas tentarem fazer a mesma coisa e se atrapalharem mutuamente – ou, o que é pior, ninguém tomar atitude alguma.

Após essas providências, observe a vítima. Se ela estiver consciente, procure saber exatamente o que aconteceu e em que lugar sente dor. Cada caso requer um tipo de cuidado específico, porém, antes de iniciar um tratamento, proteja-se contra riscos de doenças infectocontagiosas com luvas de procedimentos e máscaras.

Vejamos a seguir alguns casos e o que deve ser feito:

1) Se a vítima tiver sofrido corte ou lesão relativamente superficial e estiver se sentindo bem, deixe-a o mais confortável possível e cuide do ferimento, fazendo a limpeza da região afetada e o respectivo curativo. Se for necessário, acompanhe-a a um posto de saúde para pontos ou outras providências.

2) Se os sintomas da vítima forem pele pálida, fria e pegajosa; pulso rápido e fraco; respiração acelerada, curta e irregular; náuseas e vômitos; sensação de frio e tremores; visão nublada e pupilas dilatadas, isso pode indicar estado de choque (é comum confundir esses sintomas com os de pressão baixa). Nesses casos, *não dê nada para a pessoa comer*. Apenas afaste-a ou controle a causa do choque, coloque-a em posição confortável, afrouxe suas roupas e retire dentaduras, próteses e quaisquer outros objetos da boca da vítima. Se ela estiver consciente e respirando bem, deite-a com a cabeça em nível mais baixo do que o do corpo, exceto se houver suspeita de fraturas no crânio. Se estiver inconsciente, vomitando ou sangrando, coloque-a de lado. Controle a respiração e os batimentos cardíacos,

agasalhe-a e proteja-a, sempre acalmando-a. Aguarde a chegada de atendimento médico especializado ou leve a vítima logo que possível a um posto de saúde.

3) Em caso de hemorragias externas, mantenha a vítima deitada e imóvel, eleve a região ferida, aplique gaze ou pano limpo e pressione, amarrando-a(o) firme (mas não com força que impeça a circulação normal) com atadura ou pano. Leve quanto antes a vítima a um posto médico ou aguarde o socorro, se este estiver a caminho. O uso de torniquetes não é mais aconselhado pelos médicos.

4) Em caso de fraturas (expostas ou não), evite ao máximo movimentar a vítima. O ideal é que ela permaneça deitada, confortavelmente, sem mexer o membro atingido. Se não for possível esperar por socorro no local e for preciso levá-la a um local de atendimento, imobilize a região da fratura com algo rijo (madeira, ferro, tábua, etc.). Se existir a *menor* suspeita de lesão na coluna, sobretudo no pescoço, não manipule a vítima se não for *extremamente* necessário (como em risco de explosão, queda de barrancos, etc). Mantenha-a calma e aguarde socorro médico especializado (mesmo que demore um pouco). O deslocamento de vítima com lesão na coluna pode causar paralisia irreversível e até mesmo a morte, portanto, isso deve ser evitado ao máximo. Ainda assim, se for imprescindível movimentá-la, com a ajuda de outros mantenha imóvel a cabeça da vítima e imobilize também o restante do corpo, deslocando-a o mínimo possível e com extremo cuidado.

5) Em caso de queimaduras, resfrie imediatamente a região atingida com água fria e corrente, proteja o local com um pano limpo ou gaze (não use algodão) e *não ponha nada no ferimento* (manteiga, café, pasta de dente, etc.). Se a queimadura for de primeiro grau, e a extensão, relativamente pequena, podem-se aplicar pomadas e medicamentos próprios, sempre sob

orientação de um médico;[6] contudo, se o ferimento apresentar bolhas ou carbonização, leve a vítima quanto antes a um posto. (Não retire nada que porventura tenha ficado grudado à área ferida.) Dê bastante líquido para a pessoa beber, mas apenas se ela estiver consciente.

6) Se a vítima estiver inconsciente, existe risco de morte ou de danos cerebrais irreversíveis por asfixia ou hemorragia. Nesses casos, há necessidade de pronta intervenção com respiração artificial e massagem cardíaca.

Não nos cabe aqui relacionar todas as técnicas existentes para cada caso, pois estas precisarão não apenas ser aprendidas, mas, sobretudo, exercitadas durante um curso presencial.

Uma sugestão válida é: sempre que não se souber exatamente como proceder, a melhor atitude é acomodar a vítima em local confortável, acalmá-la e procurar ajuda especializada.

É válido lembrar que felizmente as técnicas de primeiros socorros não são utilizadas com frequência; assim, é comum o esquecimento pela falta de prática. Portanto, é de fundamental importância que sejam realizados cursos periódicos de reciclagem a fim de se manterem vivos na memória os procedimentos socorristas.

Queixas e reclamações

Conforme visto no capítulo "Psicologia e comunicação", problemas referentes à comunicação são os principais causadores de queixas e reclamações feitas pelos turistas. Essas falhas de comunicação podem acontecer em qualquer um dos pontos dos diversos setores envolvi-

---

[6] Orientação sobre medicação a turistas: ver a seção "Caixa de primeiros socorros", no capítulo "Dicas de viagem".

dos em uma viagem turística, seja com agentes de viagens, operadores, transportadoras, prestadores de serviço ou hotéis.

O guia deve estar atento a essas situações, pois também podem ocorrer reclamações e queixas referentes a problemas causados por falhas humanas, mecânicas, financeiras, questões climáticas e, às vezes, até por má-fé ou "excesso de esperteza" de alguns passageiros. Essa postura pouco ética de alguns turistas é bastante comum em passageiros que viajam com frequência e que já conhecem os trâmites de uma viagem, seus pontos fracos e querem tirar proveito da situação.

Ao ouvir uma reclamação, um guia jamais deverá reagir com agressividade ou alterar o tom de voz; deverá se lembrar de ter uma postura o mais profissional possível, exceto em situações de necessidade de defesa da própria integridade física, como no caso de sofrer agressão corporal por parte de algum passageiro.

O profissional deve se manter calmo e amável, tentando entender o ponto de vista do cliente, mesmo que não concorde com ele. Lembrar-se de que, na maioria das vezes, as queixas não são relacionadas ao guia ajuda muito nesses momentos. Em várias ocasiões, apenas o fato de o guia permitir que o passageiro desabafe e demonstrar empatia com sua causa já auxilia na resolução do impasse. Um sorriso amável e uma postura amistosa (linguagem não verbal) acalmam os ânimos e facilitam as soluções.

De acordo com Picazo,[7] as principais fases para proceder de maneira correta ante o recebimento de uma reclamação são:

1) *Contato.* Cumprimentar o cliente; separá-lo do grupo; perguntar em que pode ajudá-lo; perceber se a reclamação é particular ou se fala em nome de outros membros do grupo.

2) *Escuta.* Averiguar os motivos que deram origem à queixa; mostrar interesse; ouvir de forma ativa; atender o cliente com tempo.

---

[7] Carlos Picazo, *Asistencia y guia a grupos turísticos* (Madri: Sintesis, 1996), pp. 263-265.

3) *Avaliação do motivo da queixa.* Analisar a procedência ou a improcedência da queixa; compreender as razões dela (de modo geral, em um primeiro momento, dá-se razão ao cliente); mostrar-se como um aliado; nunca discutir a legitimidade do motivo da reclamação.

4) *Desculpa neutra (primeiro filtro).* Sempre se inicia com um "sim"; várias vezes, a simples informação resolve o problema; não procurar culpados (o cliente busca soluções, não culpados); desculpar-se. Se o motivo da reclamação for completamente absurdo, o guia deverá se deter nesse ponto e explicar (com delicadeza) as razões pelas quais a queixa não procede. Se o turista insistir, solicitar a ele que entre em contato com a agência em que o produto foi adquirido para fazer a reclamação formalmente.

5) *Determinação dos pontos da reclamação.* Se foi aceito que existe um motivo para a reclamação, para demonstrar maior interesse ao cliente, toma-se nota por escrito do fato.

6) *Agradecer às informações recebidas.* Agradecer a iniciativa do passageiro em tentar solucionar o problema. Esse agradecimento faz com que o passageiro sinta que foi dada a devida atenção à sua reclamação.

7) *Buscar soluções e alternativas.* O cliente espera soluções. Se houver necessidade de apontar culpados, deve-se fazer isso no relatório de viagens, não junto ao turista. O guia procurará uma solução que esteja igualmente de acordo com a satisfação do cliente e os interesses da agência. Promessas que não podem ser cumpridas não devem ser feitas. As soluções podem ser fáceis ou trabalhosas, rápidas ou necessitar de autorização por parte da agência, envolvendo custos ou não (para a agência ou para o próprio cliente).

8) *Comunicar ao cliente as soluções encontradas.* Explicar as várias saídas para o problema – a melhor, a possível, a mais rápida, a

mais barata, etc. –, deixando que ele opte pela que mais lhe agrada. Isso dá a sensação de poder ao cliente, que normalmente se sente atendido em sua reclamação.

9) *Depois da escolha de uma das soluções pelo cliente, efetivação da alternativa escolhida*. O guia tomará as atitudes necessárias à efetivação da solução escolhida pelo cliente, de forma a não tornar sua oferta vã.

10) *Controle posterior*. Acompanhar com maior proximidade o desenrolar da viagem do passageiro que fez a reclamação, verificando se a solução encontrada resolveu o problema dele.

Os principais motivos de queixas e reclamações referem-se a:

Apartamento com vista para o mar ou vista especial

Em hotéis litorâneos ou com localização especial, é comum que alguns apartamentos ou alas tenham vista privilegiada. Entretanto, a maioria das excursões e reservas de grupo é acomodada em apartamentos standard, ou seja, sem vista especial, pois diversos hotéis cobram tarifas diferenciadas para acomodação com vista especial. De forma semelhante, por outras questões operacionais, é raro que um hotel garanta na reserva que todos os apartamentos para determinado grupo terão essa ou aquela vista.

Apesar disso, é extremamente comum que passageiros, ao chegarem a um hotel e verificarem que nele existem apartamentos com vista especial, "afirmem" que, no ato da compra, a agência havia garantido que as acomodações por eles pagas seriam de frente para o mar ou com vista especial.

Na maior parte das vezes, esse tipo de reclamação é improcedente, mas, de qualquer modo, é preciso dar atenção especial ao caso. O guia deverá conversar separadamente com o setor de recepção ou reservas do hotel para verificar a possibilidade de troca de apartamento.

Seja qual for a posição do estabelecimento, cabe ao guia informar o passageiro e intermediar a situação.

De acordo com a disponibilidade e o interesse do hotel, a troca de acomodação pode ser providenciada sem custo adicional. Todavia, em outros casos, para que seja feita a troca, haverá cobrança de taxa de upgrade (nessas circunstâncias, a troca só poderá ser realizada se o passageiro concordar, por escrito, em pagar a diferença).

Se a mudança não for autorizada pelo hotel e o passageiro insistir no caso, o guia deverá tentar contatar a agência/operadora responsável para verificar a veracidade da informação e proceder da maneira correta para não prejudicar os clientes.

Disposição de camas nas acomodações

Ainda em relação à hotelaria, é comum acontecer a acomodação de passageiros em apartamentos com disposição de camas em desacordo com o que foi solicitado, como um casal ficar instalado em um apartamento com duas camas de solteiro ou dois amigos ficarem em um apartamento com cama de casal.

Apesar de inconveniente, esse tipo de contratempo é bastante comum. Nessas situações, o guia deve tentar contatar o setor de reservas e a recepção para verificar a possibilidade de troca de unidade habitacional (UH) antes mesmo de os passageiros subirem para os apartamentos. (A disposição das camas é informada no ato do check-in.)

Atualmente, a maioria dos hotéis possui camas adaptáveis às diversas formas de acomodação, ou seja, duas camas de solteiro se convertem em uma de casal. Isso é absolutamente comum e aceitável, e, se a adaptação for feita antes de os turistas entrarem no apartamento, passará certamente despercebida. No entanto, se ela for realizada depois de os hóspedes terem dado entrada na UH, com certeza será motivo de reclamações e descontentamento.

Por causa disso e para evitar contratempos, uma das primeiras providências a serem tomadas pelo guia é verificar o rooming list, a numeração dos apartamentos e a disposição das camas de cada um com o(a) recepcionista ou outro funcionário do hotel, antes da entrega das chaves aos turistas. Após a checagem, os apartamentos que estiverem prontos para uso podem ser liberados, e o guia deve pedir aos turistas cujas acomodações não estejam prontas que aguardem um pouco e solicitar (sem que os clientes percebam) que o hotel providencie a separação ou junção das camas. Isso não costuma demorar mais do que dez ou quinze minutos, e certamente tal procedimento evitará muitas reclamações.

Passeios incluídos

Ao comprar um pacote ou excursão, diversos passageiros se esquecem de verificar o que realmente está incluído na programação adquirida. Algumas vezes, também as agências, na ânsia de vender produtos, não informam com exatidão o que está incluído no pacote ou na excursão. Em decorrência disso, é bastante comum que passageiros aleguem ao guia que, quando compraram determinado pacote ou excursão, foram informados de que um ou mais passeios opcionais estavam incluídos no programa adquirido.

Essa é uma falha de comunicação muito usual, e, para que seja possível constatar a veracidade dos fatos, o guia pode ter com sua documentação de viagem um dos panfletos promocionais da programação ou solicitar ao turista que cheque em sua documentação de viagem (voucher) se o item está ou não incluído. Isso deve ser feito com muita delicadeza pelo guia, que nunca deve deixar transparecer a sensação de que o cliente está efetivamente errado, mas mostrando real interesse pelo caso e pela resolução do impasse.

Se não for possível conseguir essa verificação pela folheteria ou documentação de viagem, deve-se tentar entrar em contato com a agência/operadora responsável por aquele passageiro para desfazer o mal-entendido.

Todavia, vale ressaltar que, muitas vezes, essa alegação é feita por passageiros bem experientes, que têm por intuito lograr o guia na tentativa de conseguir um ou mais passeios como cortesia. Isso não significa que o profissional deva tratar com desconfiança os passageiros que fizerem questionamentos acerca dos passeios incluídos; ao contrário, o guia deve considerar que tais questionamentos são sempre autênticos.

Em excursões, esse fato pode ser evitado com facilidade, quando o guia, ao iniciar as atividades com o grupo, verifica, com os passageiros, o que está ou não incluído no roteiro adquirido.

Programação

As programações oferecidas pelas agências de turismo e operadoras são montadas com antecedência e levam em consideração o interesse médio da maioria dos clientes. Apesar disso, muitas vezes alguns turistas discordam da programação proposta pelo guia no que se refere ao tempo previsto para compras e visitas aos patrimônios culturais, ao tempo ou à parada para almoço, ao horário de saída para passeios, ao horário de retorno, etc.

Essa é uma reclamação muito comum, que está baseada no grau cada vez mais elevado de estresse da população e na dificuldade de condescendência das pessoas. Desse modo, caberá ao guia administrar a situação, pois, na maior parte das vezes, a programação existente precisará e deverá ser seguida com rigor. Além disso, quando se trabalha com grupos de pessoas, é normal que os interesses individuais difiram em algum momento.

Para que seja permitida alguma alteração na programação, dois pontos principais devem ser verificados:

1) Se não existe nenhum empecilho técnico à alteração, ou seja, se esta não causará problemas e dificuldades de ordem técnica, como atrasos em embarques, perda de reservas em restaurantes ou de *shows*, cancelamento de serviços previamente contratados, disponibilidade de transporte, etc.

2) Se absolutamente todos os passageiros estão de acordo com a alteração. Se em um grupo de cinquenta pessoas, um único turista quiser fazer o percurso ou a visitação que estiver incluído(a) na programação, o guia deverá realizá-lo(a). No caso de alteração de programação, itens poderão ser acrescentados se não houver dificuldades técnicas, mas nenhum poderá ser excluído do itinerário, mesmo com a solicitação dos passageiros, a não ser que haja expresso consentimento da agência/operadora responsável.

É proibida a retirada de itens da programação que tenham sido vendidos como incluídos, pois isso pode gerar reclamações e dar origem a processos judiciais contra a agência/operadora responsável sob o argumento de propaganda enganosa; afinal, a propaganda mencionava visita a determinado atrativo, que não foi realizada. Por essa razão, é extremamente delicada a alteração de programas de viagem, tendo-se em vista que há hoje diversos "turistas profissionais" que viajam de graça em decorrência de "indenizações" de agências/operadoras por falhas ocorridas em viagens anteriores – supostas falhas que, em muitos casos, foram causadas pelos próprios turistas.

O mesmo se aplica às modificações feitas em cardápios de restaurantes. Só se deve solicitar alteração em casos extremos de restrições alimentares, pois, do contrário (em alterações corriqueiras decorrentes das preferências dos clientes), abre-se precedente para que outros turistas solicitem o mesmo em outros restaurantes visitados (o que tornaria o trabalho inviável) e também porque algumas dessas alterações têm envolvimento de custos e algumas vezes são impossíveis de serem efetuadas.

Condições e horários de voos fretados

Voos fretados são, pela própria natureza, diferentes dos regulares. As condições de reserva também são específicas para voos fretados, pois em geral não há a possibilidade de o passageiro fazer com antecedência a reserva do assento. A disposição das poltronas é feita na própria operadora, não no balcão de embarque, sendo esta informada aos clientes apenas no ato do check-in. Em alguns casos, certas companhias não fazem a marcação de assentos, deixando livre a escolha destes por parte dos passageiros quando entram na aeronave. Isso pode ser particularmente desagradável, pois alguns clientes "se acotovelam" no portão de embarque e correm quando liberados pelo funcionário da empresa aérea, esperando conseguir o melhor lugar, mesmo quando lhes é solicitado que "procedam de forma civilizada", aguardando o embarque prévio de idosos, portadores de deficiências e pessoas com crianças de colo.

Passageiros atrasados ou que perdem o embarque em voos fretados perdem igualmente o direito à passagem e precisam comprar um novo bilhete aéreo em um voo regular.

Em voos fretados, também não existe a possibilidade de troca de voo, nem mesmo em casos extremos. Esses voos são diferentes dos regulares e não possuem frequência aérea definida. Se algum passageiro precisar adiantar ou atrasar o retorno da viagem em alguns dias, precisará comprar nova passagem aérea em voo regular. Não é permitida a utilização (nem como crédito) de tíquetes de voos fretados. Portanto, os passageiros perderão a passagem não utilizada e não terão direito a reembolso. Também não é permitido comercializar separadamente passagens aéreas, pois estas são pessoais e intransferíveis. Nesses casos, a função do guia é somente informar o cliente sobre essas condições, já que a maior parte dessas regras não dá margem a mudanças.

O guia não avisou que era para trazer...

Uma das reclamações mais comuns em viagens é a de passageiros que culpam o guia pelo esquecimento de objetos importantes no decorrer do passeio. Isso ocorre com diversos tipos de objetos, como protetor solar, biquínis, roupas leves, sapatos confortáveis, óculos de sol, dinheiro, máquinas fotográficas, etc.

Uma das melhores maneiras de evitar que tais reclamações aconteçam é informar, com a programação do dia, o que é esperado do *"kit passeio"*, ou seja, quais os objetos mais importantes a serem levados no passeio.

Colocar as informações por escrito no mural de programação também é uma forma de o guia evitar que esse tipo de reclamação ocorra, pois nenhum dos passageiros poderá alegar o desconhecimento daquelas informações.

Além disso, é importante deixar claro que, no dia a dia da viagem, a responsabilidade pelos objetos pessoais é de cada passageiro, não do guia, pois cada pessoa possui necessidades diferentes e específicas.

Condições climáticas inadequadas

Outra das constantes reclamações feitas a um guia de turismo é referente às condições climáticas existentes. Alguns dos principais destinos turísticos mundiais baseiam-se na oferta de atrativos naturais vinculados às características do território (sol, mar, praias, céu azul e límpido, calor, neve, aurora boreal, etc.). Por causa disso, vários turistas entendem que o produto turístico comprado inclui obrigatoriamente esses itens. Isso não é real, nem poderia ser, tendo-se em vista que não há como garantir as condições climáticas de uma localidade. São relativamente comuns períodos frios no verão (e vice-versa), bem como frentes frias imprevistas, período de chuvas prolongado, enchentes, inverno sem neve, nevascas fora de hora, etc. Apesar de entender isso em seu país de origem, o turista não consegue conceber o mesmo no lugar visitado. Uma viagem é sempre carregada de expectativas pessoais, das quais problemas climáticos foram deliberadamente eliminados.

Na maioria das vezes, mesmo o tempo considerado ruim pelos passageiros permite a realização normal da programação. Dias nublados, frios, com leve garoa ou chuva esporádica não impedem a saída para a maior parte das programações turísticas, mesmo roteiros que incluam "visita à praia de...", "caminhada por...", "visita com banho à cachoeira...", "passeio de escuna...", etc. Apesar da realização normal da programação, são comuns, nesses casos, reclamações dos clientes com o guia de turismo, em que estes manifestam a sensação de terem sido roubados, enganados e lesados por causa das condições climáticas desfavoráveis ao que haviam planejado.

Com condições climáticas desfavoráveis, os passageiros tornam-se, com frequência, irritadiços e mal-humorados. Cabe ao guia saber relevar a situação, tratando os turistas com mais paciência do que o comum e, sempre que possível, organizando e propondo atividades alternativas para distraí-los.

Todavia, algumas condições climáticas podem se transformar em situações de emergência quando vinculadas a algumas programações turísticas, como passeios de barco, caminhadas na mata, *rafting*, escaladas, etc. Chuvas intensas, tempestades, ventos fortes, neve, deslizamentos de terra, entre outros, são fatores que o guia deve levar em conta antes e ao longo de um passeio. Se realmente as condições climáticas estiverem desfavoráveis, a atitude mais acertada é cancelar a programação e, sempre que possível, organizar uma programação substituta.

Em caso de acidente decorrente de fatores que poderiam ter sido evitados, o guia poderá ser responsabilizado judicialmente. Com isso em mente, continuar um passeio em condições que ponham em risco a integridade física dos passageiros pode ser considerado imperícia. Contudo, algumas agências/operadoras não aceitam com facilidade a prerrogativa de o guia ter autonomia para cancelar ou abortar, a qualquer momento, uma programação.

Em programas complexos e pré-pagos, como excursões e pacotes, em caso de não realização de passeios programados em decorrência do clima, não haverá reembolso aos passageiros, no retorno da viagem, se foram oferecidos a eles passeios ou atividades substitutos aos que foram cancelados.

Questões para reflexão e debate

1) Como um guia deve agir em situações de emergência?

2) O que fazer em casos de overbooking?

3) O que é early check-in?

4) Como um guia deve agir ao ouvir uma reclamação?

5) Qual é a melhor maneira de resolver problemas e queixas relacionados à comunicação entre guias e turistas?

6) O que fazer em casos de acidentes?

7) O que fazer se um turista perder o passaporte no exterior no dia da viagem de retorno?

8) Como evitar que os turistas acusem o guia de não ter avisado com antecedência sobre a necessidade de determinados equipamentos?

Dicas de viagem

A seguir, veja algumas dicas de viagem que auxiliam no desempenho das funções de um guia. Trata-se apenas de propostas, pois, como já mencionado, cada guia deve adaptar seu estilo de guiar de acordo com suas características pessoais, da agência contratante, dos roteiros e das programações realizados, bem como com as características das pessoas ou do grupo que está sendo guiado.

Apesar disso, algumas sugestões podem facilitar bastante o desempenho de funções no início de carreira ou permitir a atualização dos conhecimentos para guias já experientes, os quais podem incorporá-las e ter o dia a dia de trabalho simplificado.

Microfone

O manuseio e o funcionamento do microfone são bem simples, mas, ainda assim, algumas informações se fazem pertinentes.

A principal dica em relação à utilização do microfone é que cada guia deve ter o seu próprio instrumento de uso privativo e levá-lo consigo para qualquer saída ou passeio que for realizar. Aparelhos eletrônicos costumam falhar mesmo com boa manutenção. Isso ocorre principalmente com aparelhos móveis, como é o caso de microfones em ônibus de turismo.

Se o microfone apresentar problemas e começar a falhar, a voz sumir, chiar e não houver outro, não se deve insistir em sua utilização. No mesmo instante, deve-se dispensá-lo e continuar o passeio e as explicações sem ele. Deve-se tentar resolver o problema ou conseguir outro aparelho no próximo ponto de parada. Essas dificuldades ocorrem principalmente com microfones pertencentes a companhias rodoviárias.

Antes de usar o microfone, é prudente testá-lo no próprio local em que será conectado, com a ajuda de alguém que não seja passageiro (o motorista, por exemplo). O ajudante pode caminhar pelo ambiente (no caso, o ônibus) enquanto o guia fala, para verificar se todos os alto-falantes estão funcionando, se o calibre e a clareza do som estão bons e se é possível ouvir o guia em todas as poltronas, conforme a distância do aparelho de sua boca e do volume da voz. Bater no aparelho para testá-lo é uma prática usual, mas que deve ser evitada, uma vez que o danifica com o passar do tempo.

Durante a utilização do microfone, deve-se falar com naturalidade, sem cochichar ou gritar. Por ele ser um amplificador de sons, não é recomendado bater palmas, tossir ou praticar qualquer ato que possa soar mal aos ouvidos dos clientes, o que inclui respiração ofegante após exercícios ou corridas.

Quando for tratar de algum assunto particular, tanto com os passageiros quanto com o motorista, tome cuidado para desligar o microfone ou, se isso não for possível, ao menos afaste-o, o máximo possível, para que o restante dos passageiros não ouça a conversa, ou, o que é ainda mais desagradável, para que não ouça apenas parte inteligível dela, como: "Sim... mas nesse caso não dá... ahã... tá, eu falo, pode ser... não, não, só mais tarde... ih... mas, tá, tá, pode ser... jura??!...".

Um ato muito comum é enganchar ou esbarrar o fio do microfone nos passageiros. Uma dica é encaixá-lo no bagageiro de mão, no caso de ônibus, e manter o fio apenas com a folga necessária à movimentação do guia.

Configuração do ônibus

O conhecimento prévio do tipo de veículo em que será realizada a viagem pode ser fundamental para que o trabalho do guia seja facilitado.

Os ônibus de dois andares, chamados double decks, são mais complexos de "comandar", pois há necessidade de o guia subir e descer as escadas constantemente para atender a todos os passageiros. Se não houver programação e treinamento por parte do profissional, ele poderá se cansar e se irritar com facilidade, o que prejudicará muito seu trabalho.

Também se deve levar em conta que o tipo de entretenimento a ser aplicado precisa permitir a participação de todos os passageiros, não apenas daqueles que estiverem acomodados no andar superior, tendo-se em vista que a maior parte das poltronas se localiza ali.

Outro fator que pode influenciar o trabalho do guia é o posicionamento do comissariado e de todo o controle interno (som, televisão, DVD, luz e interfone de comunicação com o condutor). Em geral, os ônibus que possuem a porta de entrada de passageiros no meio do veículo também possuem a poltrona single (considerada o assento do guia), com o comissariado e todo o controle interno. Em ônibus com entrada dianteira, o comissariado costuma estar localizado no fundo do veículo, e o controle interno, na cabine do motorista ou acima das primeiras poltronas.

A principal dica é informar com clareza aos passageiros, no início do passeio, que tanto o comissariado quanto todo o controle interno são de uso e responsabilidade única e exclusiva do guia, sendo vetada sua utilização por parte dos passageiros. Isso facilita o controle do material e do equipamento.

Bagagem do guia

Com o tempo, cada guia passa a ter um estilo próprio na hora de fazer sua mala. As principais dicas para iniciantes são:

- Leve o mínimo necessário de roupas, considerando, porém, o clima do local.

- Escolha tecidos que não amassem, que possam ser usados sem passar e que sejam fáceis de lavar e secar.

- Tente combinar as peças por cores e estilos, para obter vários conjuntos diferentes com poucas peças.

- Procure levar sapatos "curingas", que possam ser usados com diversos tipos de roupas. Deverão ser os mais confortáveis possíveis, mas precisam estar de acordo com o roteiro e as visitações a serem realizadas (às vezes, pode-se utilizar tênis; em outras ocasiões, será necessário o uso de sapato social ou salto alto).

- Com relação ao material de higiene pessoal, utilize potes pequenos para o transporte de xampu e cremes. Aliás, procure levar todos os itens – como desodorante, sabonete, creme de barbear, perfume, protetor solar, escova, pasta de dentes – no tamanho pequeno. De maneira geral, os roteiros são curtos e você não vai utilizar todo o conteúdo dos frascos grandes.

- Leve um *kit* de costura para eventualidades, com linhas de várias cores.

- Leve um *kit* (pequeno e leve) de primeiros socorros (para si mesmo)[1] para casos mais comuns, como febres, dores de cabeça, cólicas, enjoos, má digestão, prisão de ventre, diarreia, picadas de mosquitos, alergias, etc. (isso também acontece com o guia!).

---

[1] Esse *kit* de primeiros socorros deverá ser utilizado apenas pelo guia, não lhe sendo permitido ministrar nenhum tipo de medicamento (mesmo os mais comuns e inofensivos) em passageiros.

- Leve sempre, para qualquer roteiro (mesmo os que não incluírem praia), óculos de sol, protetor solar, boné e lenços umedecidos.[2]

- Em viagens aéreas, é aconselhável levar uma muda de roupa completa e objetos de higiene pessoal na bagagem de mão, para o caso de ocorrer extravio da bagagem despachada.

Caixa de primeiros socorros

A caixa de primeiros socorros para os passageiros deverá ser utilizada apenas em procedimentos relativos a pequenos acidentes e conter soro fisiológico para limpeza de ferimentos, algodão, gaze, faixa/atadura, esparadrapo, band-aid, termômetro, cotonete, pinça, tesoura, agulha, luva e máscara de procedimentos.

A principal dica relativa à caixa de primeiros socorros é deixar claro aos turistas o porquê de sua existência e o que ela contém. Deve-se informar logo no início da viagem que o guia não tem autorização para medicar nenhum dos passageiros e explicar os motivos desse procedimento.[3] Deve-se solicitar a eles, caso não tenham trazido os próprios medicamentos de casa, que os comprem na farmácia mais próxima.

O guia antecipa-se a um acontecimento desagradável (como o mal-estar de um passageiro) ao transmitir a informação. Em situações de doença (mesmo que não seja grave), as pessoas envolvidas (doente e acompanhantes) tendem a estar mais sensíveis a qualquer postura ou negativa vinda do guia, e nessas circunstâncias as discussões se tornam muito desgastantes.

---

[2] Para as mulheres, acrescentar absorvente íntimo, inclusive fora do período menstrual.

[3] O principal motivo para essa proibição é o fato de o guia não ser médico ou farmacêutico e não poder receitar ou indicar medicamentos. Em caso de qualquer reação colateral a um remédio dado pelo guia, este poderá ser responsabilizado judicialmente.

Material de trabalho

Fazem parte do material pessoal específico do guia: microfone; caixa de primeiros socorros; canivete suíço; lanterna pequena e potente; guias turísticos; mapas; bibliografia e material publicitário ou de imprensa sobre as localidades a serem visitadas, os atrativos e os meios de hospedagem; material de entretenimento, como CDs, DVDs, pen drives, jogos e atividades preparadas (incluir brindes, quando necessário); material de papelaria, como prancheta, caderno ou bloco de anotações, agenda, canetas, fita-crepe, caneta hidrográfica grossa, etc.

Em geral, o material necessário ao serviço de bordo é fornecido pela agência/operadora, mas, se não for, deverá compreender: cesta (resistente, com alça fixa e fácil de carregar), panos de limpeza, avental com bolso, abridor de latas e garrafas, bandeja com encaixe para copos (se possível) e purificador de ar para banheiro. Lenços umedecidos são muito úteis para a higiene das mãos, em várias ocasiões, principalmente quando ocorrem problemas com a água do toalete.

Parada e explanações em atrativos

Nesse caso, a principal dica é: ao fazer explanações na rua, em frente a atrativos, posicionar os turistas na calçada oposta à do local apresentado, para que seja possível ter visualização integral do lugar.

É comum alguns guias se posicionarem exatamente em frente ao atrativo, bem próximo dele, para passar as informações sobre o local. Isso possibilita que sejam percebidos detalhes, principalmente referentes à fachada do atrativo, mas perde-se a noção do todo. Se for interessante ou necessário mostrar detalhes da fachada, faça primeiro a explanação, observando a distância sugerida, e em seguida aproxime--se do atrativo.

Evite parar no meio de calçadas ou calçadões para fazer explanações porque isso interrompe o tráfego de pedestres, e, por consequência, muitos turistas serão abordados por transeuntes que precisam passar pelo "meio" do grupo, o que trará incômodo e fará com que haja dispersão da atenção de alguns membros.

Em ruas com tráfego de veículos, a atenção deve ser redobrada para que nenhum turista fique literalmente parado "no meio da rua". No caso de o guia e o grupo estarem de posse do rádio-guia, deve-se ter especial atenção para não deixar que o grupo se disperse e que os turistas estejam em lugares diversos e vendo coisas muito diferentes do que o guia está explicando.

Obviamente que não estamos falando de lidar com os turistas como se fossem crianças do infantário, entretanto cabe ao guia tentar manter a coesão do grupo de forma que possa realizar seu trabalho de maneira adequada.

Orientação dos passageiros

O guia precisará tomar cuidado com as explanações ao se referir a atrativos visíveis durante o trajeto do ônibus. A dica é sempre iniciar a explanação um pouco antes de o atrativo ficar visível, para que haja tempo de todos os passageiros se prepararem para vê-lo. Além disso, é necessário tomar extremo cuidado com questões de lateralidade, ou seja, com informações sobre a localização dos atrativos (direita e esquerda).

Alguns modelos de ônibus dispõem de assento para o guia na cabine do motorista; nesse caso, o guia pode fazer o percurso sentado, informando os turistas sobre os locais que se aproximam. No entanto, em geral, o guia está de pé, de frente para os turistas, passando informações, e de costas para o roteiro; nesse caso, deve-se levar em conta, sempre, o posicionamento e o ponto de vista dos turistas, e não o do guia, considerando-se que a direita do guia será a esquerda dos turistas!

Relatório de viagem

Conforme já explicado, o relatório de viagem é um importante instrumento de informação para as agências/operadoras, bem como para o guia. Ele pode ajudar a melhorar a qualidade dos serviços prestados.

Infelizmente, por se tratar de um item um tanto trabalhoso, diversos profissionais detestam essa atribuição e o fazem sem muito interesse e atenção, acreditando que se "no fim tudo deu certo", não é necessário "levantar a lebre".

O relatório não é (ou não deveria ser) um instrumento por meio do qual se pretende criticar o trabalho do guia e checar se tudo foi feito de forma devida, mas sim um recurso para se acompanhar o desenrolar de uma viagem e se poderem efetuar melhorias na programação. Sem a ajuda do guia, os problemas continuarão se repetindo, sem que uma solução seja procurada ou até mesmo sem que a agência/operadora saiba que eles existem.

Nesse caso, a principal orientação é fazer algumas anotações em forma de "diário de bordo", ou seja, todos os dias, deve-se relatar o que ocorreu, suas opiniões, fazer a leitura dos fatos e as interpretações. Isso permite que sejam lembrados todos os detalhes, horários e nomes dos envolvidos em quaisquer incidentes, mesmo aqueles que foram resolvidos de maneira conveniente. Essas anotações serão de extrema utilidade na confecção final do relatório.

Muitos guias não têm disciplina suficiente para fazer as anotações diariamente e deixam para iniciar o relatório apenas no fim da viagem, após o retorno. Nesses casos, é comum resumir o relatório e omitir incidentes menores, inclusive porque é impossível lembrar todos os detalhes (nomes, datas, horários) de uma só vez.

Esse tipo de comportamento displicente é malvisto pelas agências, portanto, evite deixar o preenchimento do relatório de viagem para depois. Faça-o todos os dias.

Exemplo do guia

O guia de turismo é um profissional que fica muito em evidência durante o desempenho de suas atribuições. É incrível como alguns passageiros imitam sua postura, suas atitudes e até seu modo de falar.

Se o guia seguir por um caminho errado, tentar pular uma cerca, corrente ou divisória – mesmo que isso seja visivelmente errado –, com certeza diversos turistas o imitarão.

Por causa disso, é muito importante que o guia verifique a todo instante sua postura, principalmente no que se refere às pequenas atitudes ou a algum comportamento que vise transgredir regras, como atravessar a rua fora da faixa de segurança ou com o sinal vermelho para pedestres, pisar na grama, pular canteiros, jogar papel no chão, arrancar folhas de árvores, zombar dos moradores locais ou de algum turista, etc.

Claro que essas atitudes não são indicadas a nenhum cidadão consciente, mas, vindas do guia no desempenho de suas funções, tornam-se absolutamente condenáveis.

Contagem dos passageiros

A contagem de passageiros precisa ser uma constante na vida de um guia. Em todas as paradas em que for possível que algum passageiro se perca ou se atrase, a contagem deve ser feita. Essa não é uma das tarefas mais agradáveis da função, mas também não é das piores. Por se tratar, talvez, de uma das mais frequentes, é de extrema importância que ela seja feita com regularidade e máxima atenção.

Faça dessa atribuição um hábito, transformando-o em algo divertido, como uma brincadeira ou oportunidade para "visitar" todos os assentos do ônibus e os respectivos passageiros. Em alguns grupos (de acordo com o perfil), é possível transformar a contagem em uma gincana, pedindo que os próprios turistas façam sua chamada, lembrando-se de números previamente estipulados ou das pessoas que estão a seu lado no ônibus.

Em países em que o turismo é bem desenvolvido, é comum o uso do contador – aparelho mecânico que registra um número a mais cada vez em que é acionado. O contador facilita a contagem dos passageiros, principalmente quando o guia é interrompido no meio dela; sem seu uso, com frequência é preciso reiniciar a contagem.

Essas são algumas formas de contagem, mas nenhuma delas exime o guia da responsabilidade por ter esquecido um passageiro durante determinada parada ou visita no percurso.

Guias mais experientes já sabem que, em um mesmo grupo, se faz a contagem vinte vezes, em vinte saídas e ocasiões diferentes, e todos os passageiros estão presentes, todavia, na única saída feita sem contagem, certamente alguém ficará para trás!

Pontualidade

A pontualidade dos passeios turísticos é uma das maiores causas de discussão entre guias e passageiros. Contudo, a maior parte dos passeios turísticos precisa ser pontual em decorrência de diversos aspectos operacionais, como saídas de barcos, trens e aviões; visitas agendadas; reservas em restaurantes; shows, etc.

Uma das principais atitudes que um guia deve tomar logo no início do passeio é informar aos turistas a necessidade de pontualidade por parte de todos, bem como as implicações da impontualidade para o grupo. Também se deve dizer o que será feito em casos de atraso e que tolerância máxima será dada. Deve-se pedir que todos verifiquem seus relógios e os acertem de acordo com o do guia, pois é comum algumas pessoas deixarem os relógios atrasados ou adiantados cinco ou dez minutos, o que, por si só, pode causar grandes transtornos.

O guia precisará ser sempre o primeiro (ou um dos primeiros) a chegar ao local marcado e a estar pronto. De nada adiantará explicações prévias se em determinada saída todos os passageiros estiverem prontos e o guia se atrasar (a menos que haja motivo plausível). A partir desse instante, nas próximas saídas, diversos passageiros se atrasarão e, se o guia tentar lhes chamar a atenção, farão questão de lembrá-lo de seu atraso anterior.

É igualmente importante que sejam utilizados os mesmos critérios para todos os passageiros (na medida do possível). Não se pode ser rígido com alguns e flexível com outros, pois isso com certeza gerará disputas e incômodos.

Telefones, endereços e dados importantes

Manter uma listagem com telefones, informações e outros dados relativos ao roteiro é muito útil no desempenho das funções do guia, pois facilita a tomada de providências em casos de urgência. A listagem pode conter telefones e endereços de hotéis, guias, restaurantes, agências, companhias aéreas, delegacias e postos policiais, Polícia Federal, consulados, etc., bem como todo tipo de informações úteis e pertinentes àquele roteiro, preços médios, prazo para confirmação de passeios, condições de reservas, nomes dos responsáveis, etc.

Apesar de ser bastante trabalhoso, recomenda-se que, como todos os descritivos e informativos dos passeios, sejam feitas duas cópias. Uma delas deve ser levada sempre com o guia durante as viagens, e a outra, deixada em casa, para o caso de perda ou extravio da original (o que não é difícil acontecer por causa dos constantes deslocamentos realizados).

Com o avanço da tecnologia, é cada vez mais frequente o uso de aparelhos como smartphones, tablets e outros, que facilitam muito a vida do guia no momento de registrar seus contatos. No entanto, é importante manter um backup das informações na *cloud*, para o caso de extravio ou de avarias no equipamento em questão.

Conselhos de segurança

O guia deve tomar uma série de cuidados relacionada à própria segurança, bem como à dos clientes. Pecar por excesso de zelo é bem melhor do que sofrer as consequências de algum acidente.

Especialistas em segurança afirmam ser importante desconfiar sempre de todos, para evitar dissabores. Durante uma viagem, não se conhece o caráter dos passageiros, suas condições de vida, seu passado ou suas reais intenções. O guia deve tratá-los com bastante cordialidade, mas estar atento a sinais de alerta.

Em relação a furtos

Os passageiros devem ser orientados a utilizar os cofres oferecidos para guarda de valores enquanto estiverem hospedados em hotéis. Em caso de mudança de cidade, os turistas devem carregar consigo os valores, evitando carregá-los juntos, de preferência dividindo-os em diversos locais, como parte na carteira, um pouco em pochetes, outra quantia em bolsos, etc.

De maneira semelhante, devem-se orientar os clientes sobre os locais de grande afluência, em que podem ocorrer furtos com maior facilidade, como aglomerações, *shows*, escadas rolantes, etc.

Não se devem deixar bolsas e objetos valiosos (do próprio guia e de algum passageiro) aos cuidados de terceiros nem sugerir que os turistas deixem bolsas e valores em escunas e ônibus, com a alegação de que este permanecerá fechado. Isso abre um perigoso precedente e dá margem a furtos e até mesmo a reclamações infundadas (de má-fé ou não). Como exemplo, pode-se citar o caso de um passageiro em um hotel cinco estrelas que reclamou muito por dois dias, afirmando que "alguém" havia furtado um par de tênis importado de seu filho no ônibus. Após investigação, verificou-se que o cliente havia esquecido o par de tênis na escuna, durante um passeio realizado horas antes. O mal-entendido foi desfeito, mas causou grande incômodo em todos os passageiros.

Também se deve lembrar aos turistas que não realizem troca de moedas sozinhos em locais desconhecidos. Se precisarem fazê-lo, que o façam quando voltarem para o hotel, a fim de que não fiquem circulando com altas somas de dinheiro.

Outra orientação que deve ser dada aos passageiros é em relação ao cuidado com as bagagens pessoais, principalmente durante o embarque e o desembarque aéreo ou rodoviário. Nesses momentos, é grande a concentração de malas e pode acontecer de sua bagagem ser pega por engano por um passageiro não pertencente ao grupo. Não se pode qualificar o fato como furto, mas, ainda assim, o transtorno é grande para o cliente.

Em relação à segurança e à integridade física

Sempre devem ser informados os cuidados a serem tomados com o sol, o clima, a profundidade da água, a correnteza, os locais escorregadios, etc. Mesmo que os avisos sejam óbvios, como "usem protetor solar", "não nadem no fundo, pois há correnteza", ou "cuidado com a alimentação típica, evitem ingerir pratos com... pois é muito forte para quem não está acostumado", é fundamental que o guia os mencione em público e oriente os passageiros para que excessos e acidentes sejam evitados. Tais orientações prévias protegem o guia em casos de acidentes, pois ele não poderá ser acusado de imperícia e negligência.

Outra orientação importante é acerca dos cuidados relativos ao tráfego de automóveis nas ruas pelas quais o grupo passará. Esses cuidados começam na descida do ônibus, permanecem durante o passeio e só terminam no fim do programa. Como sugestão, o ideal é pedir ao motorista que, sempre que possível, pare o ônibus com a porta de descida dos passageiros próxima à calçada.

Antes de sair do hotel, é muito importante que o guia relembre aos passageiros sua localização e, se possível, peça que todos carreguem consigo um cartão do estabelecimento, para que consigam retornar a ele sem dificuldade caso se percam. Aconselhe-os a sempre carregar consigo ao menos um documento e um pouco de dinheiro para o caso de necessidade (mesmo que seja para uma caminhada na praia).

Pedir aos passageiros que permaneçam sentados enquanto o ônibus estiver em movimento é uma boa forma de evitar acidentes. Em ônibus que permitam a abertura de janelas, oriente-os a não colocar braços e cabeça para fora do veículo, bem como a não jogar nenhum tipo de objeto por ela.

Relembre aos pais e responsáveis de manterem as crianças à vista, principalmente em visitas a locais com grande aglomeração de pessoas, como praias, *shoppings*, parques de diversão, *shows*, etc.

Diversos

Um guia deve orientar seus passageiros para que tomem cuidado especial na passagem pela alfândega. Como já mencionado, não se conhecem a índole e a real intenção dos passageiros de um grupo, pois nele podem estar disfarçados assaltantes, traficantes, etc. Por causa disso, é essencial que os passageiros sejam orientados a *nunca* passar pela alfândega com itens de bagagem de outro passageiro, sob a alegação de não exceder as cotas de viagem. A bagagem pode conter drogas, contrabando, dinheiro ilegal, armas, biopirataria, entre outros.

Deve-se informar a todos, de forma bastante clara, que cada passageiro é *totalmente* responsável por suas compras e bagagens.

Óculos de sol

A utilização ou não de óculos escuros é um assunto bastante controvertido no desempenho das funções do guia de turismo. Alguns estudiosos dizem ser proibido ao guia utilizá-los. Outros não veem tantas proibições. Nesse caso, o mais importante é que tudo seja feito com o máximo de bom senso possível, uma vez que a gama de atuação de guias de turismo é bem diversa.

Existem pessoas que têm grande sensibilidade à luz solar e que, em decorrência disso, usam óculos de sol como forma de proteger os olhos, inclusive por orientação médica. Nesses casos, sugerir que o guia não utilize óculos escuros quando estiver realizando uma programação para cidades litorâneas, que inclua passeios à praia, é até prejudicial à saúde.

Os óculos de sol devem ser usados com bom senso, nunca em lugares fechados ou com tempo nublado e apenas em casos de real necessidade.

Se o uso de óculos escuros for necessário, devem-se escolher os modelos mais discretos, que tenham lentes um pouco mais claras (que não impeçam os turistas de ver os olhos do guia), e NUNCA utilizar óculos espelhados.

Ordem e sequência dos passeios

Muitas vezes, a programação não é organizada pelo próprio guia, já sendo recebida com dias e passeios definidos, todavia, em algumas circunstâncias, o profissional poderá ordenar os passeios de acordo com sua percepção.

A ordem dos passeios em uma excursão não é feita de forma aleatória, como muitos imaginam. Alguns apresentam melhor resultado quando realizados antes de outros.

Primeiro, deve-se optar pelos passeios panorâmicos (city tours), pois oferecem conhecimento amplo de todos os outros atrativos da localidade. Esses passeios permitem que os turistas conheçam a cidade, escolham os locais que querem visitar depois e auxiliam o guia a despertar o interesse deles pelos passeios opcionais.

Segundo, deve-se optar por realizar os passeios que exijam condições climáticas favoráveis (sol, altas temperaturas, marés, etc.), para que, em caso de frentes frias e mudanças repentinas de clima, aqueles que dependiam dessas questões já tenham sido feitos.

Terceiro, deve-se optar pelos passeios que permitam maior integração do grupo, que incluam brincadeiras, gincanas, atrações, etc. Quão antes forem realizados, melhor, pois a partir daí a viagem em grupo torna-se mais agradável e divertida, tendo-se em vista que as amizades já começaram a surgir entre seus integrantes.

Por último, devem-se deixar os passeios que não necessitem de nenhum desses itens, ou seja, que possam ser feitos com clima ruim (com chuva, por exemplo) e/ou não requeiram integração entre os participantes, como ida a teatros, visitas a museus, passeio para compras, Consulte o livro *Roteiro turístico: é assim que se faz* para uma explicação mais detalhada sobre a montagem e sequência das programações.[4]

Embora essa confusão seja bastante comum, os tours de compras devem ser entendidos sempre como um serviço aos turistas, não ao guia ou como forma de ele ganhar dinheiro (mesmo que as lojas ofereçam comissão sobre os valores comprados). Tours específicos para compras também devem ser deixados para os últimos dias, pois permitem que os turistas façam levantamento de preços e comprem sem medo apenas aquilo que realmente lhes interessa – isso diminui

---

[4] Adriana de Menezes Tavares e Silvia Inês Chimenti, *Roteiro turístico: é assim que se faz*, cit.

sobremaneira o arrependimento em relação às compras realizadas, sendo, consequentemente, um fator na melhora da qualidade dos serviços prestados.

No quesito segurança, vale ressaltar a vantagem de os turistas não ficarem por muito tempo com as compras no apartamento, o que diminui os riscos e a preocupação com a segurança dos objetos.

Acessibilidade e passageiros especiais

Estima-se que mais de 1 bilhão de pessoas vivam com alguma forma de deficiência, algo próximo a 15% da população mundial (baseado em estimativas da população mundial de 2010).

De acordo com a World Health Survey, aproximadamente 785 milhões de pessoas (15,6%) com 15 anos ou mais vivem com alguma forma de deficiência. Já a Global Burden of Disease estima algo em torno de 975 milhões de pessoas (19,4%) com algum tipo de deficiência:[5] visual, auditiva, de locomoção e mental ou intelectual, desde graus mais leves de severidade até os mais elevados, em diversas faixas etárias.

Independentemente do sexo, da idade ou da região de concentração dessa população, um fato incontestável é que o setor turístico brasileiro também precisa estar preparado para esse público.

Existem leis sobre normas e critérios para a promoção da acessibilidade, mas ainda há muito que ser feito efetivamente para atender a esse percentual tão significativo, inclusive no turismo.

As legislações referentes à inclusão em geral têm como intenção assegurar que as pessoas com deficiência tenham acesso aos serviços prestados por pessoas ou entidades envolvidas na organização de atividades recreativas, turísticas, esportivas e de lazer.

---

[5] *The global burden of disease: 2004 update* (Geneva: World Health Organization, 2008). *World report on disability* (Geneva: World Health Organization, 2011).

Assim, além da adaptação física dos locais de turismo, como meios de hospedagem, equipamentos de lazer e cultura, é fundamental aos guias o preparo adequado para lidar com esse turista tão específico.

As dificuldades que se apresentam são diversas, como poucas UHs adaptadas em hotéis, acessos complicados a pessoas com mobilidade reduzida em diversos estabelecimentos, falta de cardápios em braile, poucos profissionais qualificados e com domínio da língua gestual ou de sinais, entre outros. No caso dos transportes turísticos, ainda são poucas as companhias com veículos adaptados no país.

Como se não bastassem tantos empecilhos, trabalhar com esse público não é fácil. Cada deficiência exige um preparo e uma dedicação diferentes, e muito possivelmente o guia não será especialista em todas as necessidades ou não poderá dedicar-se somente a um ou outro turista deficiente, pois há todo o grupo que também requer sua atenção. Geralmente, os grupos com pessoas deficientes não o são por completo; são heterogêneos, exceto em casos muito específicos de institutos que trabalham com esse público. Em geral, no entanto, são feitos passeios curtos, de um ou meio dia na própria cidade ou em destinos próximos.

Tentar apresentar a cidade a um grupo de cegos, por exemplo, é uma tarefa bem complicada sem o preparo adequado: "À direita os senhores podem ver"... Não, eles não veem! ou "O azul no batente das janelas"... Alguns deles nunca viram cores! Esses são exemplos simples de como a vida do guia pode se complicar com algo que estava acostumado a fazer sem pensar. No caso dos deficientes visuais, utiliza-se a audiodescrição, que nada mais é do que descrever com detalhes clara e objetivamente o que deveria estar sendo visto – não só o ambiente e as construções, mas também o clima e as expressões faciais das pessoas, por exemplo. A técnica exige conhecimento e prática e pode ser aprendida em institutos que trabalham com esse público.

Igualmente importante é saber quais estabelecimentos estão de acordo com as normas de acessibilidade, quais restaurantes possuem cardápios em braile, aprender língua gestual ou de sinais para a comunicação com surdos, saber como conduzir cadeiras de rodas, como conduzir cegos, conhecer as necessidades e as especificidades de cada deficiência; enfim, há uma vasta lista de competências necessárias à boa recepção a esses turistas. É importante que cada guia procure aprimorar seus conhecimentos por meio de cursos, leituras, feiras e eventos específicos ou até mesmo trabalhos voluntários que lhe permitam a prática necessária.

Ainda assim, mesmo que o guia não tenha conhecimento aprofundado sobre cada deficiência e como lidar com ela, deve, ao saber antecipadamente da recepção a alguém com deficiência, procurar se preparar, buscar o conhecimento mínimo para não passar apuros.

Vale ressaltar que, como ainda é precária a oferta de serviços de guiamento específico, a qualificação adequada dará ao guia um grande diferencial ante o mercado.

Preparação para grandes eventos

Conforme dito anteriormente, quanto maior for o preparo do guia para todas as situações, melhor.

Seguem algumas dicas de preparativos para a recepção a grandes eventos.

Primeiro, independentemente do evento, é fundamental o domínio de outros idiomas e, quanto mais idiomas for possível aprender, melhor. Vale ressaltar que o domínio de outras línguas, além de ser um diferencial e aumentar o leque de clientes, também permite a cobrança de um valor mais elevado pelos serviços prestados.

Quando o guia toma conhecimento de que sua região ou seu país recepcionará um grande evento, é preciso estudá-lo, saber tudo o que puder a seu respeito, o que inclui pesquisar, preferivelmente em sites oficiais, e ler todas as notícias da mídia sobre o assunto. Outras informações que precisam ser apuradas são:

- Qual é o período do evento?

- Quais as cidades envolvidas?

- Onde acontecerão os eventos nessas cidades (centros de exposições, festas, estádios, etc.)?

- Como, onde e quando será a venda de ingressos?

- Qual é a programação prevista para todos os dias do evento – oficial (como jogos) e paralela (como as festas comemorativas)?

- Quais os horários da programação e a tolerância para entrada no evento?

- Quais os serviços diretamente envolvidos (como transporte dos turistas dos hotéis aos locais do evento, meios de hospedagem oficiais, restaurantes parceiros, etc.)?

Além das informações sobre o evento propriamente dito, também é importante saber:

- se haverá algum tipo de cadastramento específico voltado a guias e serviços turísticos para a participação no evento ou ao acesso a áreas comuns e restritas;

- se para participar do evento é necessário que o guia seja filiado a alguma associação de classe ou preste serviços a determinada agência;

- se haverá algum roteiro turístico específico oferecido, durante o período do evento, a seus participantes ou ao público em geral;

- quais as restrições de tráfego na cidade durante o período do evento;

- quais os meios de locomoção oferecidos para se chegar aos locais do evento e quais as rotas sugeridas;
- quais serviços oferecidos na cidade irão funcionar e quais irão fechar durante o período do evento;
- quais os serviços oferecidos especialmente aos participantes do evento.

Sobre os locais em que ocorrerão os eventos, é importante saber:

- a localização e as vias de acesso;
- se haverá estacionamentos (para ônibus, vans, carros, veículos oficiais, etc.);
- onde ficam localizadas as entradas, os setores e a numeração;
- qual o horário de abertura dos portões, quais os horários do evento e qual a tolerância de atraso permitida para ingresso no local de evento;
- onde ficam localizadas as praças de alimentação;
- quais são os serviços oferecidos;
- onde se pode encontrar comércio de suvenires;
- como acessar os ambulatórios e os serviços de primeiros socorros;
- onde ficam banheiros e fraldários;
- como localizar e quem pode acessar a área VIP;
- onde estão localizadas as áreas específicas para profissionais do turismo;
- se há pontos de encontro preestabelecidos ou locais para fácil localização dos turistas;
- quais são os serviços de comunicação disponíveis;

- se há acessibilidade e serviços ou áreas específicos para pessoas deficientes;

- como é o plano de emergência e evacuação;

- quais as restrições do evento (o que é e o que não é permitido levar e fazer).

Cada evento tem um público participante específico e, com características peculiares; conhecer o máximo possível sobre essas especificidades dará ao guia melhor domínio sobre o grupo e garantirá segurança em seu trabalho. Por isso, saber das nacionalidades e dos hábitos culturais envolvidos, como costumes, alimentação e religião, entre outros, é de fundamental importância.

Se o guia for chamado para recepcionar/acompanhar autoridades, imprensa internacional e outros grupos de relevância, devem-se estudar os protocolos específicos.

O guia de turismo também precisa ter em mente que sediar um evento é uma atividade atípica à rotina da cidade; por isso, por mais que o município tenha se preparado muito bem, vários imprevistos podem e devem ocorrer. Desse modo, bom senso, jogo de cintura e pensamento rápido são fundamentais para lidar com os percalços do caminho.

Questões para reflexão e debate

1) Um guia deve ceder o microfone a um passageiro? Por quê?

2) O guia pode medicar os passageiros? Justifique.

3) Como evitar reclamações relacionadas à impossibilidade de medicação dos passageiros?

4) Quanto à pontualidade, qual é a melhor maneira de evitar problemas?

5) No que se refere à segurança, quais são as principais providências que um guia pode tomar?

6) Qual é a sua opinião sobre a utilização de óculos escuros? Você é a favor ou contra? Em que casos?

7) Os tours de compras são importante fonte de renda para os guias. De que modo isso pode prejudicar a qualidade de uma programação?

8) Um passageiro pede que você passe pela alfândega com uma mala de mão pertencente a ele, a qual contém algumas lembranças para a família. O que você faz?

9) Como você se prepararia se soubesse que iria recepcionar um grupo de deficientes visuais na próxima semana para um city tour em sua cidade?

10) Discuta com seus colegas os problemas que podem ocorrer durante eventos de grande porte e as possíveis soluções.

Casos reais

Por mais incríveis que possam parecer, todas as histórias relatadas a seguir são absolutamente reais.

Muitas foram vividas pelas próprias autoras deste livro como guias, supervisoras ou turistas; outras, contadas por colegas e conhecidos que protagonizaram os casos como guias ou turistas.

Não foram inventadas histórias nem incluídos casos em que não fosse possível reconhecer os participantes e checar a veracidade dos fatos.

Os protagonistas das histórias serão identificados sempre como "o guia" ou "ele", por questões de padronização, o que não significa que os profissionais envolvidos eram todos homens; além disso, na maioria dos casos, nomes de pessoas, cidades ou locais que pudessem permitir a identificação foram subtraídos ou trocados para manter preservada a identidade dos participantes.

Algumas das histórias são totalmente divertidas e quase surreais, enquanto outras, um pouco mais tristes, mas todas trazem ensinamentos diversos. Em algumas, a postura do guia e a forma como foram passadas as informações foram as causadoras dos problemas e dificuldades; em outras, a presença de espírito do profissional permitiu a solução de alguns problemas sérios e até que vidas fossem salvas.

As histórias foram escritas do ponto de vista dos protagonistas, não tendo sido possível a averiguação da responsabilidade pelos diversos problemas. A intenção aqui não é mostrar o guia de turismo como vilão ou carrasco nem como vítima inocente ou herói. A principal intenção é permitir o estudo de casos e debates sobre posicionamentos, com acontecimentos verídicos, para melhor preparação dos profissionais (futuros e atuais) dessa área.

Primeiro roteiro do guia e *"kit* suborno"

Em uma excursão rodoviária, era possível perceber a grande inexperiência do guia diante do roteiro que iria realizar, pois passava algumas informações contraditórias e não sabia responder às diversas perguntas de passageiros sobre os locais a serem visitados ou a programação a ser feita. Também não portava crachá visível. Estava claro que era a primeira vez que fazia o roteiro.

O programa incluía dois passeios a duas cidades bastante próximas uma da outra. Qual foi a surpresa quando o primeiro passeio se resumiu a, literalmente, duas voltas no quarteirão, sob o pretexto de que a cidade estava muito cheia naquela época do ano, que o lugar estaria intransitável para ônibus e que quem quisesse conhecer as construções históricas deveria fazê-lo outro dia e por conta própria!

Chegando à segunda, o guia disse poucas frases no ônibus, como:

– Chegamos à cidade "x", que possui muitas construções históricas. Como o ônibus não circula no centro histórico, teremos de fazer o passeio a pé. Vamos caminhar um pouco. Todos estão livres para andar e conhecer por si sós as maravilhas daqui. Vamos nos encontrar neste mesmo local às 15 horas.

O passeio guiado não aconteceu. Já nos primeiros quarteirões o guia sumiu e se perdeu de todo o grupo, deixando os turistas sozinhos para caminhar e conhecer o restante da cidade.

No horário marcado, todos estavam no ponto marcado para o retorno ao hotel. No trajeto de volta, o guia propôs que fosse feita uma parada na praia para um banho de mar. Todos concordaram. Então, o guia indicou ao motorista um local para parar o veículo e se virou aos passageiros, dizendo:

– Vamos parar o ônibus aqui para nosso passeio à praia. Como todos podem ver, este não é um local de parada permitida, pois se trata do acostamento de uma rodovia estreita. Todavia não há outro lugar. Por mais que o motorista encoste o ônibus, como ele é grande, um pouquinho fica na estrada, portanto, tomem cuidado ao descer. Bem, vocês devem saber que não recebemos da agência um "*kit* suborno" para esses casos, então pedirei, se formos abordados por algum policial rodoviário, que todos ajudem com uma caixinha, para que o ônibus não seja multado. Acredito que uns 4 ou 5 reais por pessoa sejam suficientes.

Diante da incredulidade e revolta dos passageiros, o guia continuou:

– É assim que funciona! Vocês não querem ir à praia? Não há outro lugar para parar o ônibus, mas não se preocupem; afinal, para tudo se dá um jeitinho!

Os passageiros ficaram confusos e revoltados e negaram-se a pagar o tal "*kit* suborno" para uma parada que nem mesmo havia sido solicitada por eles, mas proposta pelo próprio guia. O policial rodoviário não apareceu, a multa não foi dada, e não foram necessárias discussões maiores. Contudo, a partir desse instante, o guia perdeu por completo a confiança do grupo. Os passageiros procuraram passeios alternativos e diversão por conta própria, voltando a reencontrá-lo apenas no último dia do pacote, ou seja, no dia do retorno.

Nessa história, é possível verificar diversos erros cometidos em sequência:

- A não utilização do crachá de identificação de porte obrigatório, o que sugeria que o guia não era profissionalmente habilitado.

- O passeio na primeira cidade foi realizado em veículo inapropriado, de modo que não foi possível visitar os atrativos de ônibus. Também não foi sugerido que o passeio fosse feito a pé, o que deixou os turistas bastante insatisfeitos.

- No passeio a pé, o guia se esquivou do grupo, deixando-o sozinho e sem informações, o que não poderia ter acontecido.

- Na volta, o guia sugeriu uma programação extra na tentativa de agradar os clientes (que, a essa altura, já estavam inconformados), apesar de isso não ter sido solicitado por eles.

- A integridade física dos passageiros durante os passeios é de responsabilidade do guia de turismo. A parada e o estacionamento do ônibus em local proibido são absolutamente inaceitáveis.

- A menção do *kit* suborno" é uma falta grave, que depõe contra a imagem do turismo, do local e do país, falta essa que pode ser punida inclusive com advertência ao guia e suspensão de seu registro.

Questões para reflexão e debate

1) Durante a viagem de ida, que providências o guia poderia ter tomado para evitar os problemas ocorridos?

2) Quanto ao passeio de ônibus, qual deveria ter sido o comportamento do guia? Como o passeio deveria ter sido realizado?

3) Quanto à caminhada na segunda cidade, qual deveria ter sido o comportamento do guia?

4) Qual é a sua opinião sobre a parada na praia: ela deveria ou não ter acontecido? Por quais motivos?

5) Coloque-se na posição do guia. O que você teria feito?

6) Afinal, quem é o verdadeiro responsável pela situação: o guia inexperiente ou a agência/operadora contratante?

Como destruir a imagem de uma localidade

O city tour sempre deve mostrar o que existe de mais interessante em uma cidade, o que inclui as principais atrações, mas também lendas locais, acontecimentos e personagens famosos, pois, muitas vezes, essas histórias, casos e curiosidades despertam muito mais o interesse dos turistas do que as informações históricas, técnicas, datas e nomes sobre as localidades.

Durante um city tour promovido pelo órgão oficial de turismo de uma importante cidade brasileira, o guia continuou a dar as informações turísticas locais, mas logo percebeu que algumas pessoas do grupo ainda estavam bem dispersas e desinteressadas. Ao passar por um lugar específico, resolveu modificar o speech para algo um pouco mais chamativo, com o intuito de despertar o interesse dos turistas:

– Estamos passando sobre o... Vocês se lembram? Há pouco mais de dois meses, houve uma grande enchente na cidade, e diversos carros ficaram presos, ilhados ali. Morreram mais de... pessoas nesse acidente. Vocês devem se lembrar porque o fato foi destaque nacional, passou em todos os jornais...

Sim, a maioria se lembrava. Como se esquecer daquele incidente? A imagem da cidade ficara abalada na imprensa nacional, mas o local tentava se reerguer. Naquele instante, o guia trouxe à tona os vários problemas enfrentados pela cidade e deu início a uma série de perguntas mórbidas sobre enchentes, violência, tráfico de drogas, etc. E o profissional, encantado com o interesse repentino dos passageiros, tentava responder às perguntas, sempre com tom sensacionalista.

A imagem que a cidade estava tentando formar fora destruída em poucos minutos, pois, a partir daquele momento, o principal item do qual os turistas se lembrariam seria "Passei perto do local em que vários carros ficaram presos e onde morreram diversas pessoas na enchente do mês passado", enquanto tudo o mais mostrado ficaria em segundo plano.

Nesse caso, a principal falha do guia foi tentar conseguir a atenção do grupo por meio de um assunto extraordinário, de uma tragédia ocorrida pouco tempo antes do passeio. Com essa simples menção, o guia destruiu toda a boa imagem que a cidade estava querendo construir ou mostrar com o restante do passeio.

Questões para reflexão e debate

1) Como você teria agido nesse caso? O que teria feito para despertar a atenção do grupo?

2) Que tipos de histórias podem ser contadas durante passeios?

3) Um guia de turismo pode ajudar uma localidade a melhorar ou piorar sua imagem? De que forma?

Bate-boca entre prestadores de serviço

Um passeio de barco em cidades litorâneas é algo bastante comum e até um dos principais atrativos em algumas cidades turísticas. O passeio em questão previa, entre outras coisas, uma parada para banho em uma pequena ilha desabitada.

Ao aproximar-se da ilha, o marinheiro tentou atracar a embarcação em um píer existente na praia. Enquanto isso, o guia, ao microfone, explicava um pouco sobre a programação, a forma de desembarque, etc. Informava que seria feita a parada no píer para facilitar a descida dos passageiros, os quais não precisariam pular direto na água se não desejassem usar botes infláveis.

Ao iniciar a manobra, o marinheiro foi avisado por dois seguranças locais (que estavam no píer) de que a atracação estava proibida naquele local, pois este era de propriedade particular e pertencia a uma instituição financeira de grande porte. Os seguranças ressaltaram que a proibição estava claramente mencionada na placa explicativa afixada em um dos postes do píer.

A partir daí, teve início uma grande discussão entre os seguranças, aos berros, com ordens para impedir a atracação, o capitão do barco, igualmente aos berros, querendo atracar no píer, e o guia, que, em vez de gritar, usava o microfone para se fazer ouvir e garantir a atracação.

Após muito bate-boca (em que foram pronunciados inclusive palavrões), acusações e advertências, o marinheiro, muito irritado, resolveu desviar o percurso e parar a escuna na própria praia, bem próximo à areia, mesmo com o risco de encalhe (como fez questão de mencionar claramente), para que "os turistas tivessem mais conforto" e não fosse necessária a utilização dos botes.

Enquanto o marinheiro desviava a escuna, o guia, ao microfone, explicava o ocorrido aos passageiros:

– Nossa cidade é uma pouca-vergonha mesmo! Onde já se viu isso?!? O prefeito, que deixa isso acontecer, é um frouxo! Enquanto não tivermos uma prefeitura que nos represente de forma digna, ficaremos nas mãos de pessoas e empresas como essa. Elas fingem que são de bem, mas são bandidas! (Falando bem alto.) Usam toda a máquina contra nós... Custava deixar a escuna atracar? Custava? Vai tirar algum pedaço? Me digam? Vai? Bem, mas não vamos deixar esse incidente nem esses idiotas estragarem nosso passeio. Nosso marinheiro dará um jeito de atracar a escuna bem próximo à areia, para que não seja necessário utilizar os botes infláveis. Se quiserem, podem deixar seus pertences na embarcação, para evitar que molhem; ela ficará parada aqui ao lado mesmo. Aproveitem a praia e o banho de mar. O retorno será em trinta minutos.

O restante do passeio transcorreu na mais absoluta tranquilidade, e a escuna não encalhou.

Nessa história, é possível verificar algumas questões básicas que dizem respeito ao papel do guia:

- O guia deveria conhecer o local onde faria o passeio e, consequentemente, saber que a atracação no píer privativo estava proibida.

- O papel do guia prevê que ele contorne os imprevistos, de preferência sem deixar que os turistas percebam eventuais problemas de organização. Um guia jamais pode discutir questões organizacionais na presença dos passageiros – deve-se procurar resolvê-las separadamente.

- O uso do microfone deve ser feito com cautela, para não transformá-lo em arma de comunicação.

- Reclamações relacionadas à organização do passeio, ao poder público local ou à estrutura turística devem ser feitas nas entidades responsáveis, nunca aos turistas.

- Deixar ou não pertences em embarcações é uma opção dos passageiros, porém a sugestão do guia para deixá-los é um grande risco e dá margem a problemas e reclamações posteriores.

Questões para reflexão e debate

1) Como você teria agido nesse caso?

2) O que teria feito no momento em que se deu a dificuldade de atracação?

3) Se você já tivesse passado uma informação aos turistas e percebesse que seria impossível cumpri-la, o que faria?

4) Qual é a sua opinião quanto à possibilidade de deixar sacolas e pertences pessoais na escuna? Você é contra ou a favor?

5) E se a embarcação tivesse encalhado? Como você procederia?

Destruindo a fauna marinha

A observação da fauna local é um dos grandes atrativos de diversos destinos turísticos.

O passeio em questão é realizado em escuna e permite que os turistas conheçam mais de perto a fauna marinha. É possível mergulhar com *snorkel* nas piscinas naturais, andar sobre os recifes de corais e vislumbrar estrelas-do-mar, peixes e ouriços.

Por não possuir nenhuma construção ou infraestrutura no local, recomenda-se que os turistas deixem a parte de maior volume dos pertences, como sacolas, bolsas e toalhas, a bordo da embarcação.

O retorno do local pode ser feito a nado (do recife até a escuna) ou por meio de botes infláveis (usados pela maioria dos turistas). Os guias ficam no recife auxiliando o embarque dos passageiros nos botes, voltando com os últimos turistas.

Durante o retorno do último bote, uma turista carregava uma sacola de viagem (do tipo das oferecidas como cortesia pelas operadoras) relativamente cheia e pesada. O guia então perguntou:

– Por que a senhora desceu com a sacola, uma vez que foi informada de que não havia infraestrutura no local e de que poderia deixar todo esse peso na escuna?

Muito orgulhosa, a mulher respondeu:

– Não, guia, eu trouxe a sacola vazia. É que estou levando alguns ouriços como enfeites para minha casa! Eu os levarei para presentear minha sobrinha. Ela nunca viu um!

– Como?!? – perguntou o guia.

Em seguida, a mulher abriu a sacola e mostrou que havia retirado pelo menos vinte ouriços-do-mar (alguns, inclusive, com pequenos pedaços de rocha) e que os estava levando para casa.

No mesmo instante, o guia pediu que se parasse o bote e tentou explicar à turista que ouriços eram animais marinhos que não podiam ser retirados do mar por muito tempo, pois morreriam, e que não se tratava de objetos de decoração para serem colocados em estantes. Explicou também que, se ficassem na sacola por dois ou três dias, começariam a cheirar mal, como peixe podre, e solicitou que fossem devolvidos ao mar todos os animais recolhidos.

Em seguida, a mulher reclamou, dizendo:

– Ah, não! Mas deu um trabalhão danado tirá-los das pedras... Até furei meu dedo! Veja!

Mais uma vez, o guia insistiu para que a turista devolvesse os ouriços ao mar, sob pena de não levá-la de volta à escuna em caso de recusa, pois, do contrário, ele seria cúmplice de tal ato de vandalismo e de destruição da natureza.

Todavia, a turista continuava se negando a devovê-los. Então, o guia insistiu de novo, dessa vez um pouco mais enfaticamente, e afirmou que, se a mulher não os devolvesse, não retornaria à escuna.

Sob esse argumento, a turista decidiu devolver os animais ao mar, porém fez reclamações e ameaças ao guia, dizendo que reclamaria dele à agência/operadora.

A volta à escuna foi tensa, enquanto a mulher, inconformada, reclamava muito. Já na embarcação, a passageira não perdeu nenhuma chance de falar mal do guia e do "absurdo" que ocorrera em alto e bom som, para que todos os passageiros a bordo pudessem ouvir.

O retorno do passeio também foi tenso, pois a turista continuava a reclamar, enquanto o guia tentava explicar aos demais, em particular, o ocorrido. Como a programação de passeios estava no fim, não houve grandes problemas, e a passageira não apresentou reclamação formal à agência/operadora.

Nessa história, é possível verificar que a função do guia também engloba a proteção ao meio ambiente e aos recursos turísticos utilizados. A atividade turística, quando em áreas naturais, causa impactos por si só, e um guia acompanhante pode minimizá-los. Nem sempre as pessoas causam esses impactos de forma consciente e intencional, por isso, nesses casos, é ainda mais difícil agir, pois os turistas se sentem, muitas vezes, ofendidos com proibições existentes.

Questões para reflexão e debate

1) Como você considera o posicionamento adotado pelo guia?

2) Como você agiria se um turista se negasse a seguir uma orientação sua, como aconteceu no caso apresentado?

3) Quando um passageiro estiver reclamando do guia ao restante do grupo por alguma atitude que ele tenha tomado e considerado absolutamente correta, o que o guia deve fazer? Ignorar ou se defender? Em particular, com cada passageiro, ou com microfone, ante todo o grupo?

4) Até que ponto um guia de turismo pode, de maneira efetiva, minimizar os impactos da atividade turística?

Morte de passageiro

O roteiro realizado era um dos mais tradicionais naquele país. Abrangia em quinze dias quatro países em uma região cujas fronteiras estavam todas muito próximas.

O grupo, apesar de heterogêneo – composto de crianças, casais, idosos e jovens –, após alguns dias de passeio conseguiu atingir perfeito entrosamento entre os integrantes. Era, afinal, o grupo com que todo guia sonhava!

O dia era de visita a um país vizinho, quando, após o jantar no hotel, o guia sentiu a falta do senhor Antônio (nome fictício) – passageiro idoso que viajava sozinho e que, apesar da idade, se tornara muito querido pelo grupo por ser disposto, gentil e sorridente.

O guia procurou saber o paradeiro do turista, mas não foi possível localizá-lo – o telefone do apartamento tocava sem ser atendido, à porta ninguém respondia, e o passageiro não estava em nenhum lugar do hotel. Após longa procura, o guia ficou preocupado, pois o local em que estavam hospedados quase não oferecia opções de passeio na cidade, e a chave do apartamento não estava na recepção.

Antes de se deitar, o guia pediu ao gerente a abertura do apartamento do hóspede, pois receava que algum acidente tivesse ocorrido. Ao abrir o quarto, guia e gerente depararam com o senhor Antônio deitado na cama, sem vida. Infelizmente, o pior havia acontecido. O senhor Antônio recém-falecera. Após o choque inicial, o guia começou a tomar providências. Tentou, sem sucesso, contatar a família do passageiro e a agência-base (era noite de sábado e não havia ninguém de plantão). Em seguida, conversou com a gerência do hotel e pediu orientações sobre os trâmites legais necessários.

Por orientação e conselho da gerência, após a explicação de toda a burocracia para liberação e transporte de corpo nessas condições a outro país, o guia tomou a decisão: tentaria passar pela fronteira com o passageiro morto. Logo depois, reuniu o grupo, comunicou o fato e informou sua decisão. Solicitou o apoio de todos, pois sem eles nada poderia ser feito. De comum acordo, todos os membros resolveram cruzar a fronteira de volta ao país de origem levando o senhor Antônio, que deveria ser deixado na primeira cidade de fronteira para facilitar os trâmites para a família.

Um dos passageiros, médico, elaborou uma receita em nome do senhor Antônio, na qual prescrevia forte calmante, para que pudessem passar pela fronteira com o passageiro morto supostamente dormindo.

Com grande dificuldade, transportaram o corpo e o embarcaram no ônibus, colocando-o na última poltrona do veículo. Como estava frio, vestiram-no com casaco de gola, gorro e cachecol, embarcaram rapidamente e seguiram.

Na fronteira, houve parada obrigatória. Autoridades locais entraram no ônibus e pediram os passaportes aos passageiros. Ao se aproximarem do turista morto, o guia adiantou-se e explicou que o passageiro em questão não estava passando bem, mostrou a prescrição médica e o passaporte dele e solicitou que o senhor não fosse importunado, em respeito à sua idade e ao estado de saúde.

Apesar da tensão do grupo, nenhuma autoridade percebeu o ocorrido, o senhor Antônio não foi "acordado", e o veículo pôde seguir viagem.

Conforme combinado, o corpo foi deixado no hospital da primeira cidade do trajeto. Pela manhã, o guia finalmente conseguiu avisar alguém da agência, para que as devidas providências fossem tomadas. Em seguida, aguardou autorização para partir e, logo que esta chegou, conversou com o grupo e apurou a vontade de todos.

Apesar da situação cinematográfica pela qual haviam passado e da certeza de terem feito o melhor pelo senhor Antônio e sua família, a tristeza geral não permitiu a continuação do roteiro. De comum acordo, todos resolveram voltar ao local de origem, cancelando o restante da viagem.

Essa história demonstra a necessidade de ação de guias de turismo em momentos de muita tensão. Em casos como esse, a postura do guia determinará a forma como será dado andamento às questões. Um guia é muito mais do que um acompanhante para transmitir informações sobre os locais visitados; é aquele que será responsável por tomar as atitudes necessárias nas circunstâncias mais críticas.

Apesar disso, a posição do guia nessa história poderia ter causado problemas catastróficos. Embora tenham todos agido com a melhor das intenções, nenhum médico foi consultado para garantir que a morte se dera de forma natural. E se o turista não estivesse realmente morto? E se tivesse sido envenenado ou assassinado por asfixia? E se a alfândega os parasse para checar se o passageiro estava dormindo de verdade? O médico que "prescrevera" fortes calmantes poderia ser incriminado por falsidade ideológica e assassinato, bem como ter sua licença cassada.

Questões para reflexão e debate

1) Você considera correto o posicionamento tomado pelo guia quanto a solicitar a abertura do apartamento do hóspede?

2) Qual seria sua decisão em relação ao traslado do corpo? Tomaria a mesma atitude do guia ou agiria de outra maneira? Qual?

3) Quais são os procedimentos legais necessários em casos de morte?

4) Em sua opinião, se algum dos passageiros entrasse com pedido de reembolso ou ressarcimento referente à parte da viagem não realizada, a agência deveria atendê-lo?

5) Quais são as implicações legais do fato de o guia ter tomado uma atitude como a apresentada?

Calamidade na cidade: sem água e luz

A sobrecarga dos sistemas públicos é uma constante em diversas cidades turísticas e causa transtornos como breves apagões, congestionamento de linhas telefônicas, falta d'água, etc. Apesar de tais transtornos ocorrerem com certa frequência, não alarmam nem os turistas nem a população local, pelo fato de serem resolvidos de forma relativamente rápida. Nesse caso, porém, o problema não foi solucionado com tanta rapidez.

Nas festas de fim de ano, quando as cidades turísticas do litoral estão com ocupação máxima, houve sobrecarga no sistema de energia da cidade "x", o que causou a queima de uma grande peça ou reator. Por causa disso, houve apagão generalizado, que deixou a cidade completamente sem energia.

O apagão aconteceu à noite, e todos, turistas e moradores, foram dormir sem muitas preocupações. No entanto, no dia seguinte, quando foi constatado que a energia não retornara até o meio da tarde, teve início a preocupação. Como ficar mais um dia inteiro sem energia? E a iluminação pública? O que fazer? Como entreter os turistas se não era possível tocar música ou promover sessões de cinema? E o banho? Continuaria frio? E as geladeiras que já sofriam com o degelo? O que fazer com peixes e alimentos congelados?

Mais uma noite no escuro, sem previsão de volta de energia, e o incômodo se tornou geral. A partir do segundo dia, veio a revolta. Na cidade e em diversos hotéis e pousadas, além de energia, começava a faltar água. Os maiores empreendimentos contavam com geradores, o que possibilitava que as bombas-d'água funcionassem, mas diversas pousadas tinham caixas-d'água alimentadas por bombas elétricas e não dispunham do auxílio de geradores. Vários deles também queimaram por causa do uso constante. Faltava água até para escovar os dentes!

Os guias receptivos, que estavam com grupos, sofriam dos dois lados. Por um lado, estavam com suas casas igualmente sem energia e tinham as mesmas preocupações de todos; por outro, ouviam as reclamações e pressões dos passageiros, que exigiam uma solução (para um problema municipal) por parte dos guias. Era inviável permanecer sem banho por dois dias ou mais (inclusive os guias), e as pressões começavam a se tornar agressivas, principalmente as vindas de famílias com crianças.

A cidade em questão é um importante polo receptivo, e seu público é formado principalmente por turistas vindos com pacotes turísticos e voos fretados, o que impossibilitava a maioria deles de antecipar o retorno e deixar a cidade.

Diante da situação, alguns profissionais se uniram e resolveram mudar um pouco a programação oferecida aos grupos. Contataram proprietários rurais da região e começaram a utilizar suas propriedades. Um dos programas após o tradicional passeio à praia era levar os grupos para tomar banho de rio. O banho de água doce permitia que os turistas tirassem o sal do corpo e lavassem o cabelo. Isso acalmou os ânimos e permitiu que os dois dias restantes fossem passados com relativa tranquilidade. A energia voltou apenas na antevéspera de Natal.

Apesar de essa história não ter sido causada por erro ou postura dos guias, ela também demonstra a necessidade de ação desses profissionais em situações de extrema tensão. Nesse caso, a união dos guias foi capaz de trazer um pouco de tranquilidade aos grupos que estavam sob sua responsabilidade.

Questões para reflexão e debate

1) Como agir em casos em que a infraestrutura local deixa a desejar?

2) As operadoras deveriam ter providenciado o retorno antecipado dos clientes? Quais são as consequências disso?

3) A opção de levar os turistas para tomar banho de rio com xampu e sabonete não causou impactos ambientais? Qual é a sua posição sobre isso? Você teria feito o mesmo ou agido de outra maneira?

Ficando para trás

As saídas para a praia são um dos serviços receptivos mais comuns oferecidos por hotéis em cidades litorâneas. Esse serviço é particularmente importante em hotéis localizados distantes da praia.

Nessa história, as saídas para a praia eram oferecidas não pelo hotel, mas pela operadora do pacote, em razão de alguns problemas na escala de horários dos voos de chegada e saída dos grupos. O grupo foi dividido em diversos voos, com chegadas em horários muito distintos.

Para evitar que os passageiros se dispersassem enquanto o guia seguia para o aeroporto para esperar outra parte do grupo, oferecia-se àqueles que já haviam chegado a saída para a praia. Em horário previamente combinado, passava-se com o ônibus no hotel, levavam-se os turistas a uma barraca de praia conhecida e marcava-se o horário de retorno.

Ao realizar o traslado de chegada, o guia informou aos turistas que a saída para a praia seria às 13 horas, e o retorno, por volta das 17 horas. No horário combinado, apenas 17 dos 21 passageiros do grupo estavam esperando o ônibus na recepção. O guia embarcou os passageiros, aguardou mais alguns minutos, interfonou para o apartamento faltante e, não conseguindo contatar os passageiros, saiu.

A caminho da praia, foi informado pelo motorista de que o retorno não poderia ser às 17 horas, pois esse horário já havia sido marcado por outro guia, com outro grupo (o ônibus estava sendo compartilhado com outros grupos). Em comum acordo com o motorista, o guia então informou a todos os presentes que o retorno seria antecipado para as 16 horas e 30 minutos. Não houve reclamações ou protestos.

No horário marcado, às 16 horas e 30 minutos, todos os 17 passageiros estavam prontos para o retorno. Já no hotel, o guia estava se despedindo do grupo quando os quatro turistas que não o haviam acompanhado chegaram da praia de táxi. O guia se aproximou deles e perguntou:

– Então vocês resolveram ir à praia?

A resposta, bastante irritada, foi:

– Estamos tentando ir à praia desde que chegamos, mas fomos largados aqui por você!

– Como assim?!? Vocês não estavam na recepção! Até liguei para o apartamento, mas vocês não estavam!

– Estávamos na piscina! Ou você acha que é fácil segurar duas crianças de menos de 10 anos neste calor infernal? Quando percebemos que estava demorando muito, você já tinha saído! Resolvemos ir atrás, mas não sabíamos aonde vocês haviam ido, e o rapaz da recepção disse que deveriam estar em uma das barracas grandes da praia. Então fomos andando.

– Foram andando?!? É muito longe!

– É, isso já percebemos! Para nosso azar, fomos andando até lá! Acho que foram mais de 4 quilômetros! Paramos em todas as barracas e perguntamos para saber se estavam lá. Quando finalmente chegamos, procuramos por vocês para voltarmos juntos, mas qual foi nossa surpresa quando você resolveu sair mais cedo! Antes do horário marcado! Você não disse que o retorno seria às 17 horas? Por que não nos esperou?

– O horário foi mudado por questões relacionadas ao ônibus... Como vocês não estavam na recepção, deduzi que não quisessem ir à praia...

– Bem, agora não queremos mais nada! Não queremos mais nada de você ou da agência! Passar bem!

Embora o guia não tenha mais visto esses passageiros até o último dia da excursão, considerando-se que eles se recusaram a passear com o restante do grupo, ouviu diversas reclamações vindas deles, as quais chegaram aos seus ouvidos por intermédio de recepcionistas, garçons e até do gerente do hotel.

Nesse caso, a falha de comunicação foi a principal razão da insatisfação dos clientes. Apesar de ambas as partes terem parcela de culpa, os turistas não perceberam isso e não pouparam críticas ao profissionalismo do guia. As falhas não foram grandes, mas detalhes fizeram toda a diferença:

- No traslado de chegada, o guia informou a todos o horário de retorno, sem ter confirmado a disponibilidade com o motorista do ônibus.

- O guia não deixou claro aos passageiros que porventura se atrasassem qual era o tempo máximo de tolerância nem mencionou que, se não estivessem no local combinado, não seriam procurados em outras dependências do hotel.

- Na saída para a praia, o guia não informou à recepção do hotel sobre o lugar em que o grupo poderia ser encontrado se os turistas quisessem procurá-lo nem deixou recado por escrito explicando que os havia esperado e procurado por eles antes de sair.

Questões para reflexão e debate

1) De quem foi a real responsabilidade pela insatisfação do cliente: do guia ou do próprio cliente? Essa insatisfação se deu por qual razão?

2) Por quanto tempo se deve esperar um passageiro atrasado?

3) O guia deve procurar o cliente em outros locais que não o ponto de encontro marcado? Qual é sua opinião?

4) De que forma esse cliente poderia ser reconquistado?

E lá se foi a aliança...

Atividades recreativas são muito importantes no desenvolvimento de passeios rodoviários, pois distraem os passageiros para que não percebam o tempo decorrido no trajeto e promovem maior integração entre os membros do grupo.

A atividade recreativa em questão foi realizada em um percurso de estrada de terra e conseguiu distrair o grupo muito mais do que o guia imaginava.

A atividade é conhecida como gincana de objetos – ou quero-quero – e consiste na disputa entre duas equipes previamente dividi-das, conforme as fileiras de poltronas separadas pelo corredor. A cada rodada, o guia solicita um objeto às duas equipes, o qual deve ser passado por quem os tiver, por intermédio dos outros passageiros, sem que ninguém se levante, até chegar às mãos do guia. A equipe cujo objeto chegar com mais rapidez ao guia marca ponto.

Por imprudência e sem perceber a gravidade da solicitação, o guia pediu uma aliança. A maioria dos presentes era casada, mas as alian-ças não saíam dos dedos (devido ao tempo de casamento, por terem engordado, por problema de inchaço, etc.), o que gerou muitas risadas no ônibus. Prontamente, um rapaz recém-casado – em lua de mel –, sentado em uma das poltronas do meio do veículo, tratou de passar a sua. Entregou-a ao passageiro da poltrona da frente e ficou aguardan-do o guia confirmar o ponto de sua equipe, o que não aconteceu. Qual foi sua surpresa ao perceber que a aliança havia sumido no trajeto! Ninguém soube ao certo, mas com o trepidar do veículo, a agitação da equipe e completa falta de sorte a aliança simplesmente desaparecera!

Após alguns gritos, o guia percebeu que algo errado havia aconte-cido e pediu ao motorista, na mesma hora, que parasse o ônibus, pois, como as janelas estavam abertas, o anel poderia ter caído fora dele. O veículo foi estacionado, e deu-se a cena, um tanto cômica (se não fosse trágica): mais de vinte passageiros ajoelhados no ônibus procurando o objeto; outros na estrada de terra, com a mesma missão, e os demais tentando acalmar os recém-casados, que estavam em prantos. A alian-ça foi procurada por mais de quinze minutos, mas o esforço foi em vão.

Apesar do constrangimento, o guia informou ao casal que outra aliança seria comprada, embora soubesse que nada substituiria a origi-nal. Em seguida, decidiu continuar o passeio até a praia, onde ficariam por toda a tarde, pois não adiantaria voltar daquele ponto.

Durante a parada, ainda que todos estivessem mais calmos e o "perdão" tivesse sido concedido, o guia decidiu voltar ao veículo para procurar a aliança novamente. Embora houvesse solicitado a todos que levassem seus pertences à praia, uma das bolsas permanecera no veículo. Ao procurar o anel, o guia percebeu algo a brilhar com um raio de sol que incidia sobre a bolsa e, embora tenha hesitado em olhar dentro dela, alguma coisa lhe dizia que o fizesse. Felizmente sua persistência foi recompensada, pois o profissional recuperou a aliança, devolveu-a ao passageiro recém-casado e certamente pôde dormir tranquilo naquela noite.

Alguns detalhes podem causar muito mais estragos do que falhas. A solicitação de objeto de valor nunca deve ser feita em uma gincana (quer em ônibus, quer em locais parados), pois existe o risco de perda, quebra, roubo ou extravio do bem. Esse detalhe passou despercebido pelo guia que solicitou a aliança, gerando toda a confusão.

Questões para reflexão e debate

1) Como você teria procedido à procura da aliança se estivesse no lugar do guia?

2) Você teria continuado o passeio ou voltado daquele ponto?

3) O guia tem o direito de procurar algo e mexer nas bolsas dos passageiros ou revistá-los?

4) Se o(a) dono(a) da bolsa tivesse tido a intenção de furtar a aliança, que postura o guia poderia adotar?

5) Que tipos de atividade podem ser feitos em um ônibus?

Salvamento de passageiro

Não é atribuição do guia controlar a quantidade de bebidas ingerida pelos passageiros. A única situação em que isso se faz necessário é quando os guias trabalham com grupos de jovens menores que viajam desacompanhados. Do contrário, passageiros maiores e responsáveis por seus atos são livres para proceder da forma que julgarem mais adequada, independentemente de estarem ou não participando de uma excursão. Apesar disso, muitas vezes os guias passam por situações desagradáveis com o excesso de consumo de álcool de passageiros.

A única função do guia nesses casos é cuidar para que o excesso de bebida de um passageiro não cause problemas e dificuldades aos demais participantes da excursão.

Este é um dos casos.

O grupo chegou animado com o sol forte que iluminava a paisagem exuberante do litoral. O percurso do hotel até a praia na qual passariam o dia levou mais ou menos uma hora. No local, havia outros grupos, de outras agências, dividindo o mesmo espaço nas barracas.

A animação era total; música alegre, comida saborosa, natureza privilegiada e cordialidade típica do local constituíam um quadro perfeito, não fosse um único passageiro de um dos grupos que ria e conversava exageradamente, chamando a atenção de todos. O problema logo foi identificado por alguns guias como excesso de bebida.

Embora o profissional que acompanhava o passageiro já tivesse prevenido a todos do grupo da perigosa combinação de álcool, mar e sol, parecia que isso não fora suficiente para evitar o incidente. Contrariando as recomendações, o passageiro embriagado entrou no mar, e, pouco depois, ouviram-se os gritos desesperados de sua esposa, avisando que o marido estava se afogando.

Como não havia salva-vidas naquela praia, rapidamente os guias correram em seu socorro. Como prevenção, cinco dos guias entraram no mar, arriscando a própria vida para salvar um passageiro desconhecido. O homem (alto, forte e um pouco obeso) deu trabalho para ser retirado da água e quase afogou três dos profissionais que o socorriam.

Em terra, também houve muita colaboração – parecia o treinamento de uma equipe afinada. Viam-se várias ações sendo realizadas simultaneamente.

Um dos guias correu até uma barraca para acionar o hospital mais próximo, pedindo que ficasse de prontidão; também avisou a empresa de balsa para aguardar a chegada do passageiro, para atravessá-lo com a embarcação. Outro profissional, que guiava um grupo pequeno, disponibilizou sua van para retornar com o passageiro à cidade, com maior velocidade; seu grupo voltaria mais tarde com o ônibus de outra agência, cujo guia cedera os lugares vagos. Outro guia conseguiu uma colcha larga, onde o passageiro foi colocado quando retirado da água. Dois guias saíram à procura de um médico entre os turistas e logo encontraram um, que se prontificou a ajudar. Os demais guias providenciaram uma corrente humana para afastar os curiosos que se amontoavam à beira-mar.

O passageiro, que estava realmente mal e chegara quase desfalecido à praia, recebeu atendimento rápido e preciso, foi levado ao hospital em tempo hábil e conseguiu sobreviver.

A pronta atitude de alguns guias impediu que uma tragédia acontecesse. Apesar de não fazerem parte da mesma equipe, todos trabalharam juntos de maneira habilidosa e bem organizada.

Muitas pessoas acham que a disciplina de primeiros socorros existe nos cursos de guia apenas para cumprir a legislação e imaginam que jamais farão uso disso no desempenho profissional; perguntam "quando eu vou usar isso?" ou afirmam "comigo isso não vai acontecer". Certamente que a prevenção é preferível ao uso de procedimentos de socorro, mas, muitas vezes, está fora de nosso controle prevenir acidentes. Por esse motivo, é fundamental o conhecimento de técnicas de primeiros socorros para a função de guia de turismo.

Questões para reflexão e debate

1) Quanto à ingestão de bebidas alcoólicas por parte dos passageiros, a partir de que momento e até que ponto o guia pode interferir?

2) Agências e guias são concorrentes entre si. Você concorda com essa afirmação? Por quê?

3) Que procedimentos de primeiros socorros devem ser realizados em alguém que esteja se afogando, como na situação descrita?

Motorista bêbado

Infelizmente, é comum encontrar problemas relacionados ao excesso de consumo de álcool entre motoristas de ônibus. Isso ocorre principalmente quando são realizados passeios a lazer, em que o grupo é, em geral, levado para lugares como praias, restaurantes com vinho caseiro incluído na refeição ou visita a alambiques ou vinícolas. O caso a seguir é apenas um dos tantos vividos pelos guias.

O guia local havia vendido um passeio a um grupo que chegara recentemente de outro estado, o qual incluía parada em uma cabana de praia, e o veículo utilizado era um ônibus contratado pela agência receptiva em que o profissional trabalhava.

O trajeto de ida, em estrada de terra e com vários buracos, fora tranquilo. Ao fim do dia, na praia, o guia percebeu que o motorista não tinha condições de dirigir, pois estava alcoolizado. Então, ligou para a agência e solicitou outro veículo, e a resposta veio dura e fria:

– O quê? Em alta temporada? Tá louco, é?! É impossível! Se vira e dá um jeito por aí! Você é guia ou não é?

O guia então consultou todos aqueles que conhecia, mas ninguém podia ajudá-lo. Todos os guias presentes estavam com os ônibus cheios, e qualquer veículo que pudesse ser enviado só chegaria ao local após o anoitecer. O grupo já estava ficando impaciente e preocupado. A noite se aproximava, a praia deixara de ser atraente, as barracas estavam fechando, e as reclamações haviam começado.

Não havia saída. Após ponderar o caso, o profissional resolveu testar suas habilidades de piloto. Já havia dirigido um caminhão antes – pequeno, é verdade –, mas o que mais poderia fazer?

Com cuidado, baixa velocidade, atenção e responsabilidade, o guia conduziu o grupo de volta, que, em meio a aplausos e elogios, chegou são e salvo ao hotel.

Ah, o motorista? Foi colocado no ônibus e dormiu a viagem de volta inteira largado nas últimas poltronas. Não acordou quando chegaram ao hotel e tampouco foi visto de novo dirigindo por aquela empresa.

Imprevistos podem acontecer em quaisquer programas, e o guia precisará encontrar soluções adequadas às necessidades do momento. Na história apresentada, o guia tentou todas as opções possíveis e não encontrou saída. Contatou a empresa, que deveria ter oferecido ajuda, mas esta o pôs em xeque. Teve ótima presença de espírito ao decidir dirigir o ônibus, pois, embora não tivesse habilitação para conduzir esse tipo de veículo, já havia dirigido um caminhão pequeno antes.

Questões para reflexão e debate

1) Se ocorresse um acidente no caminho de volta, como você procederia?

2) Quem deveria ser responsabilizado judicialmente: o motorista, a transportadora, o guia ou a agência? Um erro justifica o outro?

3) Qual seria a sua atitude se você estivesse na posição do guia?

4) O que aconteceria se o guia nunca tivesse dirigido um caminhão pequeno ou não soubesse dirigir?

5) Qual seria a atitude esperada de uma organização de receptivo? A agência agiu de maneira correta? Como deveria ter agido?

Correndo atrás do trem

Em uma excursão, mesmo que não se queira ou não se consiga realizar todos os passeios propostos pelo guia, é prudente aos turistas solicitar informações sobre os locais de visitação, principalmente em países estrangeiros, de outros idiomas, crenças e costumes.

O caso a seguir ilustra a situação vivida por algumas turistas que recusaram o passeio oferecido pelo guia para viverem sozinhas uma experiência única. Como não tinham dinheiro suficiente para comprar o passeio proposto, resolveram fazê-lo por conta própria, pois sairia mais barato. Com vergonha da situação, partiram sem perguntar nada ao guia sobre o local.

Anne, Beatriz e Carol (nomes fictícios) tinham se conhecido em uma daquelas excursões que abrangem diversos países em poucos dias. Munidas de guias turísticos, mapas, máquinas fotográficas, passaportes, dólares e roupas confortáveis, puseram-se a caminho. Na estação de metrô, estudaram o trajeto que deveriam percorrer: mudariam três vezes de linhas metroviárias para depois embarcarem no trem que as levaria ao destino.

Após muita risada decorrente das trapalhadas nas baldeações, pois nenhuma das três falava o idioma local, chegaram à estação de trem, que marcava o horário preciso da chegada do veículo. As turistas desceram as escadas que levavam à estação e pararam para aguardar a chegada da locomotiva. Na hora marcada, viram o trem aproximar-se com velocidade. O veículo tinha poucos vagões e parava na extremidade oposta da estação, não no final, onde as amigas o esperavam.

Carol desconfiou e gritou:

– Corram que ele não vai parar!

E lá se foram as três correndo atrás do trem, até o alcançarem no início da longa estação. As amigas não sabiam disso e riram muito ao entrar no último vagão, onde conheceram outros turistas que acharam graça do acontecimento.

Por fim, as três moças chegaram ao destino, onde passaram o dia. Depois, voltaram sem problemas até a estação em que quase perderam o "curtinho" na ida, como mais tarde o chamaram. Ao chegarem, depararam com um grupo de turistas, devidamente acompanhados pelo guia. Para evitar problemas, resolveram ficar próximas a eles, certas de estarem, dessa vez, no lugar certo, tendo em vista que havia um guia a orientá-los. Mas qual foi a surpresa quando Carol gritou novamente:

– Corram que ele não vai parar de novo!

E lá se foram as três, mais uma vez, correndo estação afora, rindo até não poder mais, pois o grupo, tão bem orientado, vinha todo correndo atrás, com guia e tudo.

A grande coincidência foi encontrarem no vagão os mesmos turistas com quem haviam feito amizade na vinda, de modo que as moças ainda foram obrigadas a ouvir:

– Gostaram tanto do esporte que até conseguiram adeptos!

Todos riram. O guia confessou que aquela era sua primeira viagem ao local e pensou estar no lugar certo da estação.

Na volta ao hotel, apesar do cansaço, Anne, Beatriz e Carol tiveram uma boa história para contar ao grupo e ao guia.

Infelizmente, é bastante comum, em períodos de alta temporada, que guias inexperientes sejam recrutados para liderar viagens por locais que não conhecem. Nesse tipo de situação, geralmente ocorrem problemas facilmente percebidos pelos turistas. O ideal é que o guia já tenha visitado o local algumas vezes e que estude os pormenores da viagem antes de realizá-la.

Questões para reflexão e debate

1) Um guia está liderando um grupo em local que não conhece. De quem é a responsabilidade no caso de erros: do guia ou da empresa contratante?

2) O benefício justifica o risco?

3) De que modo a percepção de qualidade do cliente fica abalada?

4) Na posição do guia, você orientaria o grupo a correr atrás do trem? Por quê?

O turista que queria ver o mar

O guia havia recebido o grupo no aeroporto e estava pronto para fazer o traslado de chegada quando percebeu a apreensão de um dos passageiros e perguntou:

– Senhor, há algo errado?

O turista respondeu:

– Sabe o que é, seu guia, é que eu nunca vi o mar... Vai dar para ver o mar ainda hoje? Está tão escuro!

O guia comoveu-se com a situação e, apesar de ser noite, prometeu ao passageiro que o levaria para ver o mar logo que chegassem ao hotel, pois este ficava bem próximo à praia.

Chegando ao hotel, o guia auxiliou o desembarque das bagagens e encaminhou o grupo para o check-in, pois o ônibus estava cheio e ele precisava acompanhar outros passageiros aos demais hotéis. Em seguida, comunicou ao turista em questão que voltaria quando tivesse terminado a distribuição dos clientes.

Com tantos afazeres, o guia esqueceu-se da promessa feita e só retornou àquele hotel bem mais tarde, quase de madrugada. Apenas ao chegar lá foi que se lembrou do passageiro do interior e perguntou por ele ao recepcionista, que lhe informou que o senhor o havia esperado a ponto de dormir sentado no *hall* do hotel. Então, o recepcionista o aconselhara a ir dormir, pois era provável que o guia não mais voltasse naquela noite.

– Mas ele prometeu que viria! – disse o turista, que, um tanto decepcionado, voltou para o quarto.

Ao saber da história, o guia se sentiu muito mal e, com a consciência pesada, acordou mais cedo no dia seguinte apenas para levar o homem à praia, embora achasse que, provavelmente, ele já o tivesse feito sozinho.

Quando chegou ao hotel, espantou-se ao ver o passageiro sentado na recepção à sua espera.

– Bom dia! O senhor já acordou? Dormiu bem? Olhe, desculpe-me por ontem, mas demorei muito e, quando cheguei, o senhor já havia se retirado. Afinal, gostou do mar?

– Dormi bem, sim, senhor, mas dormi pouco, pois queria ver o mar com presteza. Estou nervoso e ainda não fui lá. Estava esperando o senhor.

– Ora, então o que estamos esperando? Vamos agorinha mesmo!

Como havia algum tempo livre antes do horário de saída, o guia conduziu o turista até a praia, que, embora ficasse a poucos quarteirões do hotel, tinha grande elevação de areia, o que impedia a visão direta para o mar.

O guia estava curioso. Qual seria a reação do passageiro quando visse aquela imensidão azul? Será que ficaria assustado?

Assim que avistou o mar, o turista soltou a mais sincera exclamação:

– Minha mãe do céu, que mundão de água!

E saiu desembestado praia abaixo, em direção ao mar, e não parou! Jogou-se de roupa e tudo na água! Foi nadando até o fundo, sem se importar com as ondas que quebravam suaves àquela hora da manhã. O guia, apesar de contente, ficou preocupado com o turista, pois ele havia comentado que estava habituado a nadar em rios, mas o mar era diferente.

O guia pediu ao passageiro que ficasse mais próximo da praia, pois não teria condições de realizar um salvamento sozinho, se fosse necessário. Felizmente, não houve problemas, e tudo o que o guia pôde fazer foi rir muito quando viu o turista voltar todo ensopado, dizendo feliz da vida:

– Nossa, mas não é que é salgada mesmo?!

Um guia de turismo é alguém de confiança para os turistas do grupo. Por essa razão, deve-se tomar extremo cuidado com o que é prometido a eles. O ideal é prometer o mínimo possível e cumprir todas as promessas feitas. Promessas feitas (mesmo que de brincadeira ou inadvertidamente) criam expectativas nos turistas que, quando não cumpridas, podem se tornar ressentimentos ou decepções. No caso da história apresentada, a decepção foi resolvida na manhã seguinte e não causou maiores desagrados, mas, em outros casos, podem causar desconfortos e perda da confiança por parte do grupo.

Questões para reflexão e debate

1) Um guia deve se preocupar em modificar programações para atender às expectativas individuais de um cliente?

2) Que promessas podem ser feitas e quais não devem ser feitas aos turistas?

3) Como manter a programação e satisfazer às necessidades de cada cliente?

Bibliografia complementar

BARRETTO, Margarita. *Turismo e legado cultural*. São Paulo: Papirus, 2000.

GÓMEZ PRIETO, Julia & GONZÁLEZ QUIJANO, Covadonga. *Rutas y itinerarios turisticos en España*. Madri: Sintesis, 1992.

LAGE, Beatriz Helena Gelas & MILONE, Paulo César (orgs.). *Turismo: teoria e prática*. São Paulo: Atlas, 2000.

LOCKWOOD, A. & MEDLIK, S. (orgs.). *Turismo e hospitalidade no século XXI*. Barueri: Manole, 2003.

MAMEDE, Gladston. *Agências, viagens e excursões: regras jurídicas, problemas e soluções*. Barueri: Manole, 2003.

NIELSEN, Christian. *Turismo e mídia: o papel da comunicação na atividade turística*. São Paulo: Contexto, 2002.

RAPOSO, Alexandre; CAPELLA, Márcia & SANTOS, Cláudia Cardoso. *Turismo no Brasil: um guia para o guia*. Rio de Janeiro: Senac Nacional, 2002.

SANCHO, Amparo. *Introdução ao turismo*. São Paulo: Roca, 2001.

TAVARES, Adriana; CHIMENTI, Silvia. *Roteiro turístico: é assim que se faz*. São Paulo: Editora Senac, 2020.

Índice geral

Agradecimentos, 11
Apresentação, 9
Bibliografia complementar, 249
Características importantes a um bom guia de turismo, 27
   Ética profissional, 31
      Discriminação e privilégios de passageiros, 34
      Envolvimento emocional ou físico com passageiros, 33
      Respeito aos costumes e às características socioculturais, 35
      Respeito aos profissionais e fornecedores, 35
      Uso de álcool ou drogas ilícitas, 33
   Ossos do ofício, 36
   Perfil pessoal, 27
   profissional e qualidade dos serviços prestados, 29
Casos reais, 219
   Bate-boca entre prestadores de serviço, 224
   Calamidade na cidade: sem água e luz, 232
   Como destruir a imagem de uma localidade, 223
   Correndo atrás do trem, 244
   Destruindo a fauna marinha, 227
   E   lá se foi a aliança..., 237
   Ficando para trás, 234
   Morte de passageiro, 229
   Motorista bêbado, 242
   Primeiro roteiro do guia e "kit suborno", 220
   Salvamento de passageiro, 239
   Turista que queria ver o mar, O, 246
Dia a dia do guia de turismo, O, 55
   Considerações sobre viagens aéreas, 90

Conexões e desembarque, 96
Configuração das aeronaves e tipos de voos, 91
Estrutura aeroportuária, 90
Material do guia, 92
Meio de transporte e traslado ao hotel, 97
Paradas técnicas, serviço de bordo e atividades recreativas, 95
Procedimentos no aeroporto, 93
rocedimentos no voo, 94
Reconfirmação de voos e bagagens, 97
Considerações sobre viagens lacustres, fluviais e ferroviárias, 100
Considerações sobre viagens marítimas, 99
Considerações sobre viagens rodoviárias, 56
Configuração dos veículos, 56
Controle de vídeo, som e ar, 58
Pontualidade, 60
Uso do microfone, 59
Documentação relativa às viagens, 101
Principais funções, 55
Procedimentos de viagem, 61
Antecedentes da viagem, 61
Contato com a agência, 61
Recebimento de documentação e etiquetagem de malas, 65
Reuniões prévias, 63
Vistoria do veículo, 64
Após a viagem, 88
Relatório de viagem, 89
Dia a dia da viagem, O, 79
Check-out, 85
Despertar, 79
Passeios incluídos, 80
Passeios opcionais, 81
Refeições, 83
Viagem de retorno e speech final, 86
Início da viagem, 67
Apresentação e speech inicial, 67
Atividades de entretenimento, 73
Check-in na hotelaria, 76
Paradas técnicas, 70
Serviço de bordo, 71
Dicas de viagem, 195

Acessibilidade e passageiros especiais, 211
Telefones, endereços e dados importantes, 205
Bagagem do guia, 198
Caixa de primeiros socorros, 199
Configuração do ônibus, 197
Conselhos de segurança, 206
    Em relação a furtos, 206
    Em relação à segurança e à integridade física, 207
    Diversos, 208
Contagem dos passageiros, 203
Exemplo do guia, 203
Material de trabalho, 200
Microfone, 195
Óculos de sol, 209
Ordem e sequência dos passeios, 209
Orientação dos passageiros, 201
Parada e explanações em atrativos, 200
Pontualidade, 204
Preparação para grandes eventos, 213
Relatório de viagem, 202
Diferentes programações, 41
    Excursões, 42
    Forfaits, 47
    Pacotes, 45
    Passeios de um dia e visitas a atrativos, 49
    Reembolsos, 52
    Sistema de alimentação e refeições, 50
Impasses comuns, situações de emergência, queixas e reclamações, 167
    Queixas e reclamações, 183
        Apartamento com vista para o mar ou vista especial, 186
        Condições climáticas inadequadas, 192
        Condições e horários de voos fretados, 191
        Disposição de camas nas acomodações, 187
        O guia não avisou que era para trazer..., 192
        Passeios incluídos, 188
        Programação, 189
    Situações de emergência e primeiros socorros, 168
        Assédio de passageiro(a), 173
        Atraso de ônibus, 171
        Early check-in não previsto ou não disponível, 172

Morte de passageiro, 178
Objetos esquecidos em ônibus, meios de transporte, restaurantes, atrativos, etc., 174
Overbooking em hotéis, 168
Passageiro atrasado ou "desaparecido", 170
Perda de documentação, 177
Perda ou extravio de bagagem em viagens aéreas, 176
Primeiros socorros, 179
Introdução, 13
Legislação e aspectos jurídicos, 159
Direitos e deveres do guia de turismo, 161
Organismos de turismo de interesse para o profissional, 164
Regulamentação da profissão, 159
Nota dos editores, 7
Principais tipos de guias de turismo, 21
Diversas atuações, 24
Guia de turismo de excursão internacional, 24
Guia de turismo de excursão nacional, 23
Guia de turismo especializado em atrativos naturais ou culturais, 21
Guia de turismo regional, 22
Profissão de guia de turismo, A, 17
Guia turístico ou guia de turismo?, 19
O que é um guia de turismo, 17
Psicologia e comunicação, 123
Como estruturar as explicações, 142
Esquemas básicos, 144
Local de apresentação, 145
Diferentes tipos de clientes e grupos, 125
Formas de comunicação, 129
Fundamentos da comunicação, 134
Informações importantes a serem passadas, 147
Em relação à localidade ou aos locais visitados, 147
Em relação à programação, 150
Onde encontrar informações, 154
O que não deve ser dito, 151
Em relação à localidade ou ao local visitado, 151
Em relação à programação, 153
Psicologia e dinâmicas de grupo, 123